莊子集成　劉固盛 主編

南華真經題評

[明]張位 撰　劉莉莎 點校

海峽出版發行集團
THE STRAITS PUBLISHING & DISTRIBUTING GROUP
福建人民出版社

二〇一一—二〇二〇年國家古籍整理出版規劃項目
全國高等院校古籍整理研究工作委員會直接資助項目
華中師範大學中國語言文學一流學科建設項目

莊子集成出版前言

《莊子》是先秦道家重要經典，戰國中期莊周及其後學所撰。《莊子》原爲五十二篇，經西晉郭象删削編定，尚存三十三篇流傳至今。《莊子》在兩漢未受特别重視，至魏晉之際，因與玄學思潮投合，注釋漸多，影響較廣的有崔譔、向秀、司馬彪諸家，但多已亡佚。惟郭象參考諸家之注，加以發揮，形成後世通行的注本。唐代成玄英又依郭注作《南華真經注疏》，補釋郭注未及的字義名物，在思想上也有獨到闡發。陸德明《經典釋文》中有《莊子音義》三卷，因保存較多唐以前異文舊注，爲治《莊》必備之書。

目前流傳下來的《莊子》注本，多成書於宋以後。宋學長於義理思辨，以儒、釋、道解《莊》的傾向較爲明顯，到明代更形成了會通三教的風氣。宋代興起文章評點之風，林希逸、劉辰翁評析《莊子》，引發對《莊子》語言及行文的探索。明代又出現方式更多樣、結構更嚴密的《莊子》評點類著作，《莊子》文章批評成爲專門領域。

清乾嘉以來，考據輯佚之學盛行，注《莊》者更重視校釋文義、考正韻讀、輯補佚文，如盧文弨、王念孫、茆泮林、俞樾、孫詒讓諸家，均取得較高成就。清末郭慶藩、王先謙先後撰《莊子集釋》、《莊子集解》，雖繁簡各殊，而均以集納衆長、具總結性質，成爲百年來最通行的《莊子》注本。近代以降，隨着新舊學術轉型，《莊子》研究多從哲學史、文化史角度展開，或進行學術史的總結，已突破傳統格局。

歷代莊學著述今存三百餘種，近人嚴靈峰編《無求備齋莊子集成初編》、《續編》及《老列莊三子集成補編》，始予系統影印；方勇主編《子藏·道家部·莊子卷》，又續有增益。然均未經點校，不便閲讀。爲總結歷代莊學成就，推動莊學研究進程，福建人民出版社與華中師範大學道家道教研究中心合作編纂《庄子集成》，系統整理魏晉至民國間中國學者有關《莊子》的注疏文獻，分輯出版，以備廣大讀者、研究者使用。

二〇二二年十一月

目次

整理説明

張位（一五三四——一六一二），字明成，號洪陽，江西新建（今南昌）人。隆慶二年（一五六八）進士，改庶吉士，授翰林院編修，預修《世宗實録》。萬曆五年（一五七七），因忤首輔張居正被貶爲徐州同知。萬曆十一年（一五八三），張居正卒之明年，陞南京尚寶丞，歷國子監祭酒、禮部右侍郎，十九年（一五九一）任吏部左侍郎兼東閣大學士。因恃才自用，招權示威，被朝臣彈劾。不久出現「妖書」《憂危竑議》，因被御史趙之翰舉爲主謀而革職。天啓中死後方復官銜，贈太保，謚文莊。著有《問奇集》、《詞林典故》、《警心類編》、《閒雲館集鈔》、《叢桂山房彙稿》、《道德經注》、《南華真經題評》、《南華經標略》、《周易參同契注解》、《陰符經注》等。其中，老莊研究諸書多有獨到之見。

《南華真經題評》共十卷，内篇三卷，外篇四卷，雜篇三卷。是書體例先列篇目，每篇後皆有簡要評語，闡明該篇大旨。如《養生主》篇：「養我生之主，神不傷而常存也。」《秋水》篇：「一論大通之理，二論大勝之力，三論達命之事，四論至言之妙，五論全身之高，六論心知之通。」又如《則陽》篇：「一言至德感人，二敘道本統同，三指見道息爭，四指得道避世，五言學要深造，六言化先正己，七言道無分別，八論性成自然，末陳至言極論。」所論較爲精要。對《莊子》正文中的難字、破音字大都標注讀音，頗便閱讀。也對篇中一些關鍵字句加以解釋，對一些精彩段落加以評述。如釋《齊物論》「莫若以明」之「明」：「明者，看破之意，即下文無物我、無是非也。」釋《養生主》「緣督以爲經」之「督」：「督，下也。養生之道只是處下不爭。」又如《徐無鬼》篇的一段評語：「情境習染，如龜連殼，到死不脱。前塵難去，後障日增。若要返本，必須功深力久。今不知自反而更以爲寶，不亦悲乎？毁性喪真，那個尋問此事。」類似評語不少，大抵以修身養性爲要，並主莊禪相通。

張位於老莊學均有深研。《莊子》研究方面，除《南華真經題評》外，還撰有《南華經標略》，兩書可互相參看。《南華真經題評》的版本僅見明萬曆間刊本一種，此次整理即以該本爲底本。《莊子》原文則校以《道藏》成玄英疏本（簡稱《道藏》本）、明世德堂《六子全書》本《南華真經》（簡稱世德堂本），其有明顯訛誤者，據以更正，並出校記。底本文字漫漶不清者以□代替。

張太史南華經題評篇目

卷之一內篇

卷之二內篇

卷之三內篇

卷之四外篇

駢　拇　凡有所增減造作，無論善惡，皆失性命本然之正也。

馬　蹄　用知治馬而馬失其常性，用知治天下而民失其常性。

胠　篋　至知至聖，反爲盜資。絶聖棄知，天下自安。

在　宥　以至道全身，以無爲治天下，則我得長生之秘，人安性命之情矣。因民性有遷，故法未嘗廢，雖有爲而實無爲也。

卷之五外篇

天　地　道本自然，因人而治，是謂至治；順性而修，是謂至德，在去知與累而已。

天　道　虚静無爲，精神流通，則人官效職，事理得序，端默而天下治矣。名迹、智巧、言語、記誦，皆粗末也。

天　運　至治無爲，至仁無恩，至樂非聲。古今皆陳迹，政術皆虚器，仁義皆暫設。化本自然，順自然以爲化也。

卷之六外篇

刻　意　遡流返源，至德無奇，恬淡寂寞，虚無平易，清静純素，神全而德亦全也。

繕性　養恬泯智，反性復初，存身正己，以順時命，是謂樂全，是爲得志。彼牽於俗學，荒於時榮，蔽蒙倒置之民耳。

秋水　一論大通之理，二論大勝之力，三論達命之事，四論至言之妙，五論全身之高，六論心知之通。

至樂　首言至樂在無爲，只因生死關看不破，故多累。次三段皆引達生死之分者。人生自適，分量而已。且一氣變化，終在陶冶之内，何嘗有生死耶？

卷之七外篇

達生　養生先要棄世，次全神守氣，要志專，要能忘。次論昧所養者，然又在祛疑，在能歛，順其自然，忘其巧力。又論至人至言。

山木　乘道德以遊世，若智若愚，又須去累虚己，朴淡委蛇，捐功名，省交遊，安貧任分，勿逐物，勿矜己，此全身遠害之道、處世之法也。當與《人間世》並看。

田子方　全德之人，體道無迹，循委順之理，遊無爲之境，然知德鮮矣。無累，無係，無事，爲治先定其神，忘得失，達存亡，至矣。

知北遊　通篇以無知、無爲、爲修立論。

卷之八雜篇

庚桑楚　首論至德之人，次言修身俟命，次舉生死學術之辨，次言去累完德，末言遺毀譽、好惡、生死，不得已而應世也。

徐無鬼　忘形去累，勿狥物，勿拘方，黜矜能巧智，收斂忘言，不求福，不媚世。真人泯智，道無常尊。局識見狥物交則損真，惟達觀通方，至矣，大矣。

則　陽　一言至德感人，二敘道本統同，三指見道息爭，四指得道避世，五言學要深造，六言化先正己，七言道無分別，八論性成自然，末陳至言極論。

卷之九雜篇

外　物　狥外則戕生損道。有釣利者，有盗名者，去矜泯智，毋爲高行，貴在得意忘言也。

寓　言　首敘言有三項，次二段言拘係者皆無足取。又論功有漸進，莫執生死有無之迹，末貴韜歛。

讓　王　此篇歷引薄富貴而重生，安貧賤而樂志者。

盗　跖　此篇凡三段，皆言不矯行傷生以求聲名富貴，有激之談也。

卷之十雜篇

說　劍　舉大明小，諷諫之例。

漁　父　大意言不宜分外求世，惟守其真而道存矣。

列御寇　去矜能，莫分辨，忘言息巧，消爭泯智，至人無爲之道也。中間又散敘觀心術、去矜持與達命之事。末陳富貴危機、形骸土梗，道不貴能明，貴能神也。

天　下　先敘道術根原，後列諸子，而莊生自爲一家，末闢惠子。

南華真經題評卷之一

洪陽張位

内篇

逍遥遊第一

北冥有魚，其名爲鯤。鯤之大，不知其幾千里也。化而爲鳥，其名爲鵬。鵬之背，不知其幾千里也。怒而飛，其翼若垂天之雲。是鳥也，海運則將徙於南冥。南冥者，天池也。《齊諧》者，志怪者也。《諧》之言曰：「鵬之徙於南冥也，水擊三千里，摶扶摇而上上聲。者九萬里，去以六月息者也。」野馬也，塵埃也，生物之以息相吹也。天之蒼蒼，其正色邪？其遠而無所至極邪？其視下也，亦若是則已矣。且夫扶，下同。水之積也不厚，則負大舟也無力。覆杯水於坳凹。堂之上，則芥爲之舟，置杯焉則膠，去聲。水淺而舟大也。風之積也不厚，則其負大翼也無力。故九萬里，則風斯在下

自「野馬」至「已矣」，言積氣之厚。

矣，而後乃今培風；背負青天而莫之夭閼曷。者，而後乃今將圖南。蜩條。與鷽學、覺二音。鳩笑之曰：「我決起而飛，搶榆枋，時則不至，而控於地而已矣，奚以之九萬里而南爲？」適莽蒼者，三飡而反，腹猶果然；適百里者，宿舂糧；適千里者，須三月聚糧。之二蟲又何知？小知智，下同。不及大知，小年不及大年。奚以知其然也？朝菌窘。不知晦朔，蟪蛄不知春秋，此小年也。楚之南有冥靈者，以五百歲爲春，五百歲爲秋；上古有大椿者，以八千歲爲春，八千歲爲秋。而彭祖乃今以久特聞，衆人匹之，不亦悲乎？湯之問棘也是已：窮髮之北，有冥海者，天池也。有魚焉，其廣數千里，未有知其脩者，其名爲鯤。有鳥焉，其名爲鵬，背若泰山，翼若垂天之雲，摶扶搖羊角而上上聲，下同。者九萬里，絕雲氣，負青天，然後圖南，且適南冥也。斥鴳晏。笑之曰：「彼且奚適也？我騰躍而上，不過數仞而下，翱翔蓬蒿之間，此亦飛之至也。而彼且奚適也？」此小大之辨也。故夫知智。効一官，行去聲。比毗至反。一鄉，德合一君，而徵一國者，其自視也，亦若此矣。而宋榮子猶然笑之。且舉世而譽余。之而不

「蜩鷽」至「悲乎」，言小不知大。

以上明大小之分。

數數，汲汲也。

以上推到大人身上。

日月大而爝火小，時雨大而浸灌小。

以上言大人所樹。

加勸，舉世而非之而不加沮，定乎内外之分，辨乎榮辱之境，斯已矣。彼其於世未數數朔，下同。然也。雖然，猶有未樹也。夫列子御風而行，泠然善也，旬有五日而後反。彼於致福者，未數數然也。此雖免乎行，猶有所待者也。若夫乘天地之正而御六氣之辨，以遊無窮者，彼且惡烏。乎待哉？故曰：至人無己，神人無功，聖人無名。

堯讓天下於許由，曰：「日月出矣，而爝爵。火不息，其於光也，不亦難乎？時雨降矣，而猶浸灌，其於澤也，不亦勞乎？夫子立而天下治，而我猶尸之，吾自視缺然。請致天下。」許由曰：「子治平聲。天下，天下既已治也，而我猶代子，吾將爲名乎？名者，實之賓也。吾將爲賓乎？鷦鷯巢於深林，不過一枝；偃鼠飲河，不過滿腹。歸休乎君，予無所用天下爲。庖人雖不治庖，尸祝不越樽俎而代之矣。」

肩吾問於連叔曰：「吾聞言於接輿，大而無當，去聲。往而不反，吾驚怖其言，猶河漢而無極也。大有逕庭，趂。不近人情焉。」連叔曰：「其言謂何哉？」「曰：『藐邈。姑射夜。之山，有神人居焉。肌膚若冰雪，淖綽。約若處上聲。子。不食五穀，吸風飲露。乘

這幾句言語，就是汝如今一般，如瞽如聾，不信接輿之言也。

以上言大德之人。

雲氣，御飛龍，而遊乎四海之外。其神凝，使物不疵癘而年穀熟。』吾以是狂誑。而不信也。」連叔曰：「然。瞽者無以與預，下同。乎文章之觀，聾者無以與乎鐘鼓之聲。豈惟形骸有聾盲哉？夫知智。亦有之。是其言也，猶時女汝。也。之人也，之德也，將旁礴薄。萬物以爲一，世蘄祈。乎亂，孰弊弊焉以天下爲事？之人也，物莫之傷，大浸稽天而不溺，大旱金石流土山焦而不熱。是其塵垢粃糠將猶陶鑄堯舜者也，孰肯以物爲事？宋人資章甫而適諸越，越人斷短。髮文身，無所用之。堯治天下之民，平海內之政，往見四子藐姑射之山、汾焚。水之陽，窅然喪去聲。其天下焉。」

惠子謂莊子曰：「魏王貽我大瓠之種，上聲。我樹之成而實五石，以盛成。水漿，其堅不能自舉也。剖之以爲瓢，則瓠落無所容。非不呺枵。然大也，吾爲去聲。其無用而掊剖。之。」莊子曰：「夫子固拙於用大矣。宋人有善爲不龜均，下同。手之藥者，世世以洴澼絖音屏僻曠，下同。爲事。客聞之，請買其方百金。聚族而謀曰：『我世世爲洴澼絖，不過數金。今一朝而鬻技百金，請與之。』客得之，以説稅。吳王。越有難，去聲。吳王使之將。去聲。冬，與越人水戰，大敗越人，裂地而封之。能不龜手，一也。或以封，或不免於洴澼絖，則所用之異也。今子有五石之瓠，何不慮以爲大樽而浮乎江湖，而憂其瓠落無所容？則夫子猶有蓬之心也夫。」

惠子謂莊子曰：「吾有大樹，人謂之樗。其大本擁腫而不中去聲，下同。繩墨，其小枝卷拳。曲而不中規矩。立之塗，匠者不顧。今子之言，大而無用，衆所同去也。」莊子曰：「子獨不見狸狌姓、生、星三音。乎？卑身而伏，以候敖者。東西跳條。梁，不避高下。中於機辟，闢。死於罔罟。今夫斄離。牛，其大若垂天之雲。此能爲大矣，而不能執鼠。今子有大樹，患其無用，何不樹之於無何有之鄉、廣莫之野，彷徨乎無爲其側，逍遥乎寢卧其下？不夭斤斧，物無害者。無所可用，安所困苦哉？」

蓬心即茅塞意。以上言用大。

以上言大，以無用爲用。

忘言。

風，一也，聲隨竅異。言出心竅亦然，道一而已。

齊物論第二 無言之先不容辯，有言之後不必辯。

南郭子綦其。隱去聲，下同。几而坐，仰天而噓，嗒榻。焉似喪去聲，下同。其耦。顔成子游立侍乎前，曰：「何居姬。乎？形固可使如槁木，而心固可使如死灰乎？今之隱几者，非昔之隱几者也。」子綦曰：「偃，不亦善乎，而問之也？今者吾喪我，汝知之乎？汝聞人籟，而未聞地籟；汝聞地籟，而未聞天籟夫。」扶，下同。子游曰：「敢問其方。」子綦曰：「夫大塊噫隘。氣，其名爲風。是唯無作，作則萬竅怒呺。號。而獨不聞之翏翏流。乎？山林之畏偉。佳，翠，上聲。大木百圍之竅穴，似鼻，似口，似耳，似枅，雞。似圈，似臼，似洼者，似污者，激者、謞孝。者、叱者、吸者、叫者、譹豪。者、宎杳。者、咬爻。者，前者唱于而隨者唱喁，愚。泠泠。風則小和，去聲，下同。飄風則大和，厲風濟則衆竅爲虛。而獨不見之調調之刁刁乎？」子游曰：「地籟則衆竅是已，人籟則比毗至反。竹是已。敢問天籟。」子綦曰：「夫吹萬不同，而使其自己也，咸其自取，怒者其誰邪？」

惟知有大小，故言有大小。

皆悦，兼愛之意。

賢愚局於禀受。

大知智，下同。閑閑，小知間間；大言炎炎，小言詹詹。其寐也魂交，其覺教。也形開。與接爲構，日以心鬬。縵者，窖教。者，密者。小恐惴惴，之瑞反。大恐縵縵。其發若機栝，其司是非之謂也；其留如詛側據反。盟，其守勝之謂也；其殺如秋冬，以言其日消也；其溺之所爲之，不可使復之也；其厭壓。也如緘，以言其老洫也；近死之心，莫使復陽也。喜怒哀樂，洛。慮嘆變慹，摺。姚佚啓態；樂出虚，蒸成菌。窘。日夜相代乎前，而莫知其所萌。已乎，已乎，旦暮得此，其所由以生乎？非彼無我，非我無所取。是亦近矣，而不知其所爲使。若有真宰，而特不得其眹。可行己信，而不見其形，有情而無形。百骸、九竅、六藏，去聲。賅該。而存焉，吾誰與爲親？汝皆悦之乎？其有私焉？如是皆有爲臣妾乎？其臣妾不足以相治乎？其遞相爲君臣乎？其有真君存焉？如求得其情與不得，無益損乎其真。一受其成形，不亡以待盡。與物相刃相靡，其行盡如馳而莫之能止，不亦悲乎？終身役役，而不見其成功；茶涅。然疲役，而不知其所歸。可不哀邪？人謂之不死，奚益？其形化，其心與之然。可不謂大哀乎？人之生也，固若是芒乎？其我獨芒，而人亦有不芒者乎？夫隨其成心而師之，誰獨且無師乎？奚必知代而心自取者有之？愚者與（預）。有焉。未成乎心而有是非，是今日適越而昔至也。是以無有爲有。無有爲有，雖有神禹，且不能知，吾獨且柰何哉？夫言，非吹也。言者有言，其所言者特未定也。果有言邪？其未嘗有言邪？其以爲異於鷇（寇）。音，亦有辯乎？其無辯乎？

道惡（烏，下同。）乎隱而有真僞？言惡乎隱而有是非？道惡乎往而不存？言惡乎存而不可？道隱於小成，言隱於榮華。故有儒墨之是非，以是其所非而非其所是。欲是其所非而非其所是，則莫若以明。物無非彼，物無非是。自彼則不見，自知則知之。故曰：彼出於是，是亦因彼。彼是，方生之說也。雖然，方生方死，方死方生；方可方不可，方不可方可；因是因非，因非因是。是以聖人不由而照之于天，亦因是也。是亦彼也，彼亦是也。彼亦一是非，此亦一是非。果且有彼是乎哉？果且無彼是乎哉？彼是莫得

明者，看破之意，即下文無物我、無是非也。

指喻物理須在物外乃明。若見超乎物，造物亦洞然矣。

巨細，好醜。

其偶，謂之道樞。樞始得其環中，以應無窮。是亦一無窮，非亦一無窮也。故曰：莫若以明。以指喻指之非指，不若以非指喻指之非指也；以馬喻馬之非馬，不若以非馬喻馬之非馬也。天地一指也，萬物一馬也。可乎可，不可乎不可。道行之而成，物謂之而然。惡乎然？然於然；惡乎不然？不然於不然。物故有所然，物固有所可。無物不然，無物不可。故爲是舉莛（庭）與楹，厲與西施，恢恑（詭）憰（決）怪，道通爲一。其分也，成也；其成也，毁也。凡物無成與毁，復（扶又反）通爲一。唯達者知通爲一，爲（去聲）是不用而寓諸庸。庸也者，用也；用也者，通也；通也者，得也。適得而幾（機，下同）矣。因是已，已而不知其然謂之道。勞神明爲一，而不知其同也，謂之朝三。何謂朝三？曰狙（疽，下同）公賦芧（序），曰：「朝三而暮四。」衆狙皆怒。曰：「然則朝四而暮三。」衆狙皆悦。名實未虧，而喜怒爲用，亦因是也。是以聖人和之以是非而休乎天均，是之謂兩行。

古之人，其知有所至矣。惡乎至？有以爲未始有物者，至矣，

有作爲便有成敗，無作爲便無成敗。

盡矣，不可以加矣。其次，以爲有物矣，而未始有封也。其次，以爲有封焉，而未始有是非也。是非之彰也，道之所以虧也；道之所以虧，愛之所以成。果且有成與虧乎哉？果且無成與虧乎哉？有成與虧，故昭氏之鼓琴也；無成與虧，故昭氏之不鼓琴也。昭文之鼓琴也，師曠之枝策也，惠子之據梧也，三子之知智。幾乎，皆其盛者也，故載之末年。惟其好去聲，下同。之也，以異於彼；其好之也，欲以明之。彼非所明而明之，故以堅白之昧終；而其子又以文之綸終，終身無成。若是而可謂成乎？雖我亦成也；若是而不可謂成乎？物與我無成也。是故滑汩。疑之耀，聖人之所圖也。爲是不用而寓諸庸，此之謂以明。

今且有言於此，不知其與是類乎？其與是不類乎？類與不類，相與爲類，則與彼無以異矣。雖然，請嘗言之。有始也者，有未始有始也者，有未始有夫未始有始也者；有有也者，有無也者，有未始有無也者，有未始有夫未始有無也者。俄而有無矣，而未知有無之果孰有孰無也。今我則已有謂矣，而未知吾所謂之其果有謂乎？其果無謂乎？天下莫大於秋毫之末，而太山爲小；莫壽乎殤子，而彭祖爲夭。天地與我並生，而萬物與我爲一。既已爲一矣，且得有言乎？既已謂之一矣，且得無言乎？一與言爲二，二與一爲三。自此以往，巧歷不能得，而况其凡乎？故自無適有，以至於三，而况自有適有乎？無適焉，因是已。

夫道，未始有封；言，未始有常。爲是而有畛軫，下同。也，請言其畛：有左有右，有倫有義，有分有辯，有競有爭，此之謂八德。六合之外，聖人存而不論；六合之内，聖人論而不議；春秋經世，先王之志，聖人議而不辯。故分也者，有不分也；辯也者，有不辯也。曰：何也？聖人懷之，衆人辯之，以相示也。故曰：辯也者，有不見也。夫大道不稱，大辯不言，大仁不仁，大廉不嗛，歉。大勇不忮。道，昭而不道；言，辯而不及；仁，常而不成；廉，清而不信；勇，忮而不成。五者园圓。而幾向方矣。故知止其所不知，至矣。孰知不言之辯，不道之道？若有能知，此之謂天府。注焉而不滿，酌焉而不竭，而不知其所由來，此之謂葆光。故昔者堯問於

蓬艾翳蔽未深，但當以明德普照，不必分別而伐之也。十日者，連旬日朗，久照自遍，非日體有十也。

纔知之，便離之。

是非。

舜曰：「我欲伐宗、膾、胥敖，南面而不釋然。其故何也？」舜曰：「夫三子者，猶存乎蓬艾之間。若不釋然，何哉？昔者十日並出，萬物皆照，而況德之進乎日者乎？」

齧臬。缺問乎王倪曰：「子知物之所同是乎？」曰：「吾惡乎知之？」「子知子之所不知邪？」曰：「吾惡乎知之？」「然則物無知邪？」曰：「吾惡乎知之？雖然，嘗試言之：庸詎知吾所謂知之非不知邪？庸詎知吾所謂不知之非知邪？且吾嘗試問乎汝：民溼濕。寢則腰疾偏死，鰌秋。然乎哉？木處上聲，下同。則惴慄恂懼，猨猴然乎哉？三者孰知正處？民食芻豢，麋鹿食薦，蝍即。蛆疽。甘帶，鴟鴉耆嗜。鼠，四者孰知正味？猨猵片。狙以爲雌，麋與鹿交，鰌與魚游。毛嬙、牆。麗驪。姬，人之所美也，魚見之深入，鳥見之高飛，麋鹿見之決驟。四者孰知天下之正色哉？自我觀之，仁義之端，是非之塗，樊然殽亂，吾惡能知其辯？」齧缺曰：「子不知利害，則至人固不知利害乎？」王倪曰：「至人神矣。大澤焚，而不能熱；河漢沍，而不能寒；疾雷破山、風振海，而不能驚。若然

利害。

者，乘雲氣，騎日月，而遊乎四海之外。死生無變於己，而況利害之端乎？」

瞿鵲子問乎長梧子曰：「吾聞諸夫子：『聖人不從事於務，不就利，不違害，不喜求，不緣道，無謂有謂，有謂無謂，而遊乎塵垢之外。』夫子以爲孟浪之言，而我以爲妙道之行也。吾子以爲奚若？」長梧子曰：「是黄帝之所聽熒也，而丘也何足以知之？且汝亦大泰。早計，見卵而求時夜，見彈而求鴞炙。予嘗爲汝妄言之，汝以妄聽之奚？旁去聲。日月，挾宇宙，爲其脗合，置其滑汩。涽，昬。以隸相尊。衆人役役，聖人愚芚，屯。參萬歲而一成純。萬物盡然，而以是相蘊。予惡乎知悅生之非惑邪？予惡乎知惡去聲。死之非弱喪而不知歸者邪？麗驪。之姬，艾封人之子也。晉國之始得之也，涕泣沾襟，及其至於王所，與王同匡牀，食芻豢，而後悔其泣也。予惡乎知夫死者不悔其始之蘄祈。生乎？夢飲酒者，旦而哭泣；夢哭泣者，旦而田獵。方其夢也，不知其夢也。夢之中又占其夢焉，覺教，下同。而後知其夢也。且有大覺而後知此其大夢也，而愚者自以爲覺，竊竊然知之。君乎，牧乎，固哉。丘也與女皆夢也，予謂汝夢亦夢也。是其言也，其名爲弔的。詭。萬世之後而一遇大聖，知其解蟹。者，是旦暮遇之也。既使我與若辯矣，若勝我，我不若勝，若果是也，我果非也邪？我勝若，若不吾勝，我果是也，而果非也邪？其或是也，其或非也邪？其俱是也，其俱非也邪？我與若不能相知也。則人固受其黮貪，上聲。闇，暗。吾誰使正之？使同乎若者正之，既與若同矣，惡能正之？使同乎我者正之，既同乎我矣，惡能正之？使異乎我與若者正之，既異乎我與若矣，惡能正之？使同乎我與若者正之，既同乎我與若矣，惡能正之？然則我與若與人俱不能相知也，而待彼也邪？」「何謂和之以天倪？」曰：「是不是，然不然。是若果是也，則是之異乎不是也亦無辯；然若果然也，則然之異乎不然也亦無辯。化聲之相待，若其不相待。和之以天倪，因之以曼萬。衍，所以窮年也。忘年忘義，振於無竟，故寓諸無竟。」

罔兩問景影，下同。曰：「曩子行，今子止；曩子坐，今子起。

何其無特操與？」餘，下同。景曰：「吾有待而然者邪？吾所待又有待而然者邪？吾待蛇蚹附。蜩條。翼邪？惡識所以然？惡識所以不然？」

昔者莊周夢爲胡蝶，栩栩許。然胡蝶也，自喻適志與，不知周也。俄然覺，則蘧蘧渠。然周也。不知周之夢爲胡蝶與？胡蝶之夢爲周與？周與如字。胡蝶，則必有分矣。此之謂「物化」。泡景夢幻。

南華真經題評卷之二

洪陽張位

内篇

養生主第三

吾生也有涯，而知智，下同。也無涯。以有涯隨無涯，殆已。已而爲知者，殆而已矣。爲善無近名，爲惡無近刑。緣督以爲經，可以保身，可以全生，可以養親，可以盡年。

庖丁爲去聲。文惠君解牛，手之所觸，肩之所倚，足之所履，膝之所踦，几。砉翕。然嚮然，奏刀騞赫。然，莫不中去聲，下同。音，合於《桑林》之舞，乃中《經首》之會。文惠君曰：「譆，熙。善哉。技蓋至此乎？」庖丁釋刀對曰：「臣之所好去聲。者，道也，進乎技矣。方始臣之解牛之時，所見無非牛者。三年之後，未嘗見全牛也。方今之時，臣以神遇而不以目視，官知止而神欲行。依乎天理，批撇。

二句起語，謂養道無近効。

督，下也。養生之道只是處下不爭。下氣乃養親事。

神如刀刃，必以虛養。
患難拂逆。

虛。

介雖人與，其實天定。
安命。

其人初意爲老氏之徒，今方知其非，緣有係戀故。若會得此意，何必言哭。

大郤，隙。導大窾，款。因其固然。技經肯綮磬。之未嘗，而況大軱孤。乎？良庖歲更平聲，下同。刀，割也；族庖月更刀，折也。今臣之刀十九年矣，所解數千牛矣，而刀刃若新發於硎。彼節者有間，而刀刃者無厚，以無厚入有間，恢恢乎其於遊刃必有餘地矣。是以十九年而刀刃若新發於硎。雖然，每至於族，去聲。吾見其難爲，怵然爲去聲，下同。戒，視爲止，行爲遲，動刀甚微，謋劃。然已解，蟹，下同。如土委地。提刀而立，爲之四顧，爲之躊躇滿志，善刀而藏之。」文惠君曰：「善哉。吾聞庖丁之言，得養生焉。」

公文軒見右師而驚曰：「是何人也？惡烏，下同。乎介也？天與？餘，下同。其人與？」曰：「天也，非人也。天之生是使獨也，人之貌有與如字。也。以是知其天也，非人也。」

澤雉十步一啄，百步一飲，不蘄祈，下同。畜乎樊中。神雖王，去聲。不善也。老聃死，秦失弔之，三號平聲。而出。弟子曰：「非夫子之友邪？」曰：「然。」「然則弔焉若此，可乎？」曰：「然。始也吾以爲其人也，而今非也。向吾入而弔焉，有老者哭之，如哭其

哭者不達，妄爲哀樂。夫子即老子。遁刑縣解，即遁形尸解之說。釋形達化。

子；少去聲。者哭之，如哭其母。彼其所以會之，必有不蘄言而言，不蘄哭而哭者。是遁天倍情，忘其所受，古者謂之遁天之刑。適來，夫子時也；適去，夫子順也。安時而處上聲。順，哀樂洛。不能入也，古者謂是帝之縣玄。解」。指窮於爲薪，火傳也，不知其盡也。指這箇死生窮盡之理，譬如爲薪，一般此熄彼焰，原無窮盡。

人間世第四

顔回見仲尼，請行。曰：「奚之？」曰：「將之衛。」曰：「奚爲焉？」曰：「回聞衛君，其年壯，其行去聲。獨。輕用其國，而不見其過；輕用民死，死者以國量乎澤若蕉，民其無如矣。回嘗聞之夫子曰：『治國去之，亂國就之，醫門多疾。』願以所聞思其則，庶幾機，下同。其國有瘳乎？」仲尼曰：「譆，若殆往而刑耳。夫扶，下同。道不欲雜，雜則多，多則擾，擾則憂，憂而不救。古之至人，先存諸己而後存諸人。所存於己者未定，何暇至於暴人之所行？且若亦知夫德之所蕩而知智，下同。之所爲出乎哉？德蕩乎名，知出乎爭。名也者，相軋也；知也者，爭之器也。二者凶器，非所以盡行也。且德厚信矼，控。未達人氣；名聞不爭，未達人心。而強上聲。以仁義繩墨之言術暴人之前者，是以人惡去聲。有其美也，命之曰菑災，下同。人。菑人者，人必反菑之。若殆爲人菑夫。且苟爲悅賢而惡不肖，惡烏，下同。用而求有以異？若唯無詔，王公必將乘人而鬬其捷。而目將熒之，而色將平之，口將營之，容將形之，心且成之。是以火救火，以水救水，名之曰益多。順始無窮，若殆以不信厚言，必死於暴人之前矣。且昔者桀殺關龍逢，紂殺王子比干，是皆脩其身以下傴拊撫。人之民，以下拂其上者也。故其君因其修以擠子禮反。之，是好去聲。名者也。昔者堯攻叢枝、胥敖，禹攻有扈，國爲虛厲，身爲刑戮。其用兵不止，其求實無已。是皆求名實者也。而獨不聞之乎？名實者，聖人之所不能勝升。也，而況若乎？雖然，若必有以也，嘗以語去聲，下同。我來。」顏回曰：「端而虛，勉而一，則可乎？」曰：「惡，惡可？夫以陽爲充孔揚，采色不定，常人之所不違，因案人之所感，以求容與其心，名之曰日漸之德不成，而況大德乎？將執而不化，外合而內不訾，其庸詎可乎？」「然則我內直而外曲，成而上上聲，下同。比。內直者，與天爲徒。與天爲徒者，知天子之與已皆天之所子，而獨以已言蘄乎而人善之，蘄乎而人不善之邪？若然者，人謂之童子，是之謂與天爲徒。外曲者，與人之爲徒也。擎跽其里反。曲拳，人臣之禮也。人皆爲之，

「然則」以下乃回之言。

言雖名教，實是切讁。但係稽古，非我自造。

返聞觀音大士圓通也。

吾敢不爲邪？爲人之所爲者，人亦無疵焉，是之謂與人爲徒。成而上比者，與古爲徒。其言雖教，讁之實也，古之有也，非吾有也。若然者，雖直不爲病，是之謂與古爲徒。若是則可乎？」仲尼曰：「惡，惡可？大多政法而不諜，疊。雖固，亦無罪。雖然，止是耳矣，夫胡可以及化？猶師心者也。」顏回曰：「吾無以進矣，敢問其方。」仲尼曰：「齋，吾將語若。有而爲之，其易異，下同。邪？易之者，皞天不宜。」顏回曰：「回之家貧，唯不飲酒不茹葷者數月矣，若此則可以爲齋乎？」曰：「是祭祀之齋，非心齋也。」回曰：「敢問心齋。」仲尼曰：「若一志：無聽之以耳，而聽之以心；無聽之以心，而聽之以氣。聽止於耳，心止於符。氣也者，虛而待物者也，唯道集虛。虛者，心齋也。」顏回曰：「回之未始得使，實自回也；得使之也，未始有回也。可謂虛乎？」夫子曰：「盡矣。吾語若：若能入遊其樊而無感其名，入則鳴，不入則止。無門無毒，一宅而寓於不得已，則幾矣。絶迹易，無行地難。爲人使易以僞，爲天使難以僞。聞以有翼飛者矣，未聞以無翼飛者也；聞以有知智。

以上格心。

知者矣，未聞以無知智。知者也。瞻彼闋者，虛室生白，吉祥止止。夫且不止，是之謂坐馳。夫狗耳目內通而外於心知，智。鬼神將來舍，而況人乎？是萬物之化也，禹舜之所紐也，伏羲、几蘧之所行終，而況散焉者乎？」

葉攝。公子高將使去聲，下同。於齊，問於仲尼曰：「王使諸梁也，甚重。齊之待使者，蓋將甚敬而不急。匹夫猶未可動也，而況諸侯乎？吾甚慄之。子嘗語諸梁也曰：『凡事若小若大，寡不道以懽成。事若不成，則必有人道之患；事若成，則必有陰陽之患。若成若不成而後無患者，唯有德者能之。』吾食也執粗而不臧，爨無欲清之人。今吾朝受命而夕飲冰，我其內熱與？餘。吾未至乎事之情而既有陰陽之患矣。事若不成，必有人道之患。是兩也，爲人臣者不足以任之。子其有以語我來？」仲尼曰：「天下有大戒二：其一，命也；其一，義也。子之愛親，命也，不可解於心；臣之事君，義也，無適而非君也，無所逃於天地之間。是之謂大戒。是以夫事其親者，不擇地而安之，孝之至也；夫事其君者，不擇事而安之，忠之盛也；自事其心者，哀樂洛，下同。不易施乎前，知其不可柰何而安之若命，德之至也。爲人臣子者，固有所不得已。行事之情而忘其身，何暇至於悦生而惡去聲。死？夫子其行可矣。丘請復以所聞：凡交近則必相靡以信，遠則必忠之以言，言必或傳之。夫傳兩喜兩怒之言，天下之難者也。夫兩喜必多溢美之言，兩怒必多溢惡之言。凡溢之類也妄，妄則其信之也莫，莫則傳言者殃。故法言曰：『傳其常情，無傳其溢言，則幾乎全。』且以巧鬭力者，始乎陽，常卒乎陰，泰至則多奇巧；以禮飲酒者，始乎治，常卒乎亂，泰至則多奇樂。凡事亦然，始乎諒，常卒乎鄙；其作始也簡，其將畢也必巨。言者，風波也；行者，實喪去聲，下同。也。夫風波易以動，實喪易以危。故忿設無由，巧言偏辭。獸死不擇音，氣息茀然，於是並生心厲。剋核太至，則必有不肖之心應之而不知其然也。苟爲不知其然也，孰知其所終？故法言曰：『無遷令，無勸成，過度益也。』遷令勸成殆事，美成在久，惡成不及改，可不慎與？餘。且夫乘物以遊心，託不得已以養中，至矣。何作爲報也？

莫若爲致命，此其難者？」

以上傳命。

顔闔將傅衛靈公太子，而問於蘧伯玉曰：「有人於此，其德天殺。與之爲無方則危吾國，與之爲有方則危吾身。其知智。適足以知人之過，而不知其所以過。若然者，吾柰之何？」蘧伯玉曰：「善哉問乎。戒之慎之，正女身哉。形莫若就，心莫若和。雖然，之二者有患。就不欲入，和不欲出。形就而入，且爲顛爲滅，爲崩爲蹶；心和而出，且爲聲爲名，爲妖爲孽。彼且爲嬰兒，亦與之爲嬰兒；彼且爲無町畦，亦與之爲無町畦；彼且爲無崖，亦與之爲無崖。達之，入於無疵。汝不知夫螳蜋乎？怒其臂以當車轍，不知其不勝升。任也，是其才之美者也。戒之慎之，積伐而美者以犯之，幾矣。汝不知夫養虎者乎？不敢以生物與之，爲去聲，下同。其殺之之怒也；不敢以全物與之，爲其決之之怒也。時其飢飽，達其怒心。虎之與人異類，而媚養己者，順也。故其殺者，逆也。夫愛馬者，以筐盛成，下同。矢，以蜄盛溺。去聲。適有蚉蝱僕緣，而拊之不時，則缺銜毀首碎胸。意有所至而愛有所亡，可不慎邪？」

以上傳導。

匠石之齊，至乎曲轅，見櫟歷，下同。社樹。其大蔽牛，絜之百圍，其高臨山，十仞而後有枝，其可以爲舟者旁十數。觀者如市，匠伯不顧，遂行不輟。弟子厭觀之，走及匠石，曰：「自吾執斧斤以隨夫子，未嘗見材如此其美也。先生不肯視，行不輟，何邪？」曰：「已矣，勿言之矣。散木也，以爲舟則沉，以爲棺槨則速腐，以爲器則速毁，以爲門户則液樠，莫干反。以爲樹則蠹〔一〕。是不材之木也，無所可用，故能若是之壽。」匠石歸，櫟社見現。夢曰：「汝將惡烏，下同。乎比予哉？若將比予於文木邪？夫柤梨橘柚果蓏力果反。之屬，實熟則剥，則辱。大枝折，小枝泄，此其以能苦其生者也。故不終其天年而中道夭，自掊擊於世俗者也。物莫不若是。且予求無所可用久矣，幾死，乃今得之，爲予大用。使予也而有用，且得有此大也邪？且也若與予也皆物也，柰何哉其相物也？而幾死之散人，又惡知散木？」匠石覺教。而診其夢。弟子曰：「趣取無用，則爲社何邪？」曰：「密，若無言。彼亦直寄焉，以爲不知己者詬垢。厲也。不爲社者，且幾有翦乎。且也彼其所保與衆

以上寄托。

異，而以義譽餘。之，不亦遠乎？」

南伯子綦遊乎商之丘，見大木焉，有異：結駟千乘，去聲。隱將芘庇。其所藾。子綦曰：「此何木也哉？此必有異材夫。」仰而視其細枝，則拳曲而不可以爲棟梁；俯而視其大根，則軸解而不可以爲棺槨；咶士。其葉，則口爛而爲去聲。傷；嗅之，則使人狂酲，三日而不已。子綦曰：「此果不材之木也，以至於此其大也。嗟乎，神人以此不材。」

不材。

宋有荆氏者，宜楸柏桑。其拱把而上上聲。者，求狙猴之杙弋。者斬之；三圍四圍，求高名之麗禮。者斬之；七圍八圍，貴人富商之家求樿善。傍者斬之。故未終其天年而中道夭於斧斤，此材之患也。故解之以牛之白顙者，與豚之亢鼻者，與人有痔病者，不可以適河。此皆巫祝以知之矣，所以爲不祥也。此乃神人之所以爲大祥也。

材害。

支離疏者，頤隱於齊，肩高於頂，會撮子列反。指天，五管在上，兩髀陛。爲脅。挫鍼治繲，懈。足以餬口；鼓筴策。播精，足以食嗣。

拙全。

韜時。

慎行。

無用。

十人。上徵武士，則支離攘臂於其間；上有大役，則支離以有常疾不受功；上與病者粟，則受三鍾與十束薪。夫支離其形者，猶足以養其身，終其天年，又況支離其德者乎？

孔子適楚，楚狂接輿遊其門曰：「鳳兮鳳兮，何如德之衰也？來世不可待，往世不可追也。天下有道，聖人成焉；天下無道，聖人生焉。方今之時，僅免刑焉。福輕乎羽，莫之知載；禍重乎地，莫之知避。已乎已乎，臨人以德；殆乎殆乎，畫地而趨。迷陽迷陽，無傷吾行。吾行郤曲，無傷吾足。山木，自寇也；膏火，自煎也。桂可食，故伐之；漆可用，故割之。人皆知有用之用，而莫知無用之用也。

校勘記

〔一〕「樹」，《道藏》本同，世德堂本作「柱」。

德充符第五 遺形骸。

魯有兀者王駘，臺。從之遊者與仲尼相若。常季問於仲尼曰：「王駘，兀者也，從之遊者與夫子中分魯。立不教，坐不議，虛而往，實而歸。固有不言之教，無形而心成者邪？是何人也？」仲尼曰：「夫子，聖人也。丘直後而未往耳。丘將以爲師，而況不若丘者乎？奚假魯國，丘將引天下而與從之。」常季曰：「彼兀者也，而王去聲。先生，其與庸亦遠矣。若然者，其用心也，獨若之何？」仲尼曰：「死生亦大矣，而不得與之變。雖天地覆墜，亦將不與之遺。審乎無假而不與物遷，命物之化而守其宗也。」常季曰：「何謂也？」仲尼曰：「自其異者視之，肝膽楚越也；自其同者視之，萬物皆一也。夫扶，下同。若然者，且不知耳目之所宜，而遊心乎德之和。物視其所一而不見其所喪，去聲，下同。視喪其足猶遺土也。」常季曰：「彼爲己，以其知得其心，以其心得其常心。物何爲最之哉？」仲尼曰：「人莫鑑於流水而鑑於止水。唯止能止衆止。受命於地，唯松柏獨也，在冬夏青青；受命於天，唯舜獨也正，幸能正生，以正衆生。夫保始之徵，不懼之實，勇士一人，雄入於九軍。將求名而能自要平聲。者而猶若是，而況官天地，府萬物，直寓六骸，象耳目，一知智。之所知，而心未嘗死者乎？彼且擇日而登假，人則從是也。彼且何肯以物爲事乎？」

申徒嘉，兀者也，而與鄭子產同師於伯昏無人。子產謂申徒嘉曰：「我先出則子止，子先出則我止。」其明日又與合堂同席而坐，子產謂申徒嘉曰：「我先出則子止，子先出則我止。今我將出，子可以止乎？其未邪？且子見執政而不違，子齊執政乎？」申徒嘉曰：「先生之門，固有執政焉如此哉？子而悅子之執政而後人者也。聞之曰：『鑑明則塵垢不止，止則不明也。久與賢人處上聲。則無過。』今子之所取大者，先生也，而猶出言若是，不亦過乎？」子產曰：「子既若是矣，猶與堯爭善。計子之德，不足以自反邪？」申徒嘉曰：「自狀其過以不當亡者衆，不狀其過以不當存者寡。知不可柰何而安之若命，唯有德者能之。遊於羿之彀中，

不違，言不避也。

後人即從師。

校善惡不當兀，論命數則當兀。

行在道理中，而又遭此命也。

子産已悟，言無用再稱説矣。

世人只是死生、是非兩件作溷。

中央者，中地也，然而不中去聲。者命也。人以其全足笑吾不全足者衆矣，我怫弗。然而怒，而適先生之所，則廢然而反。不知先生之洗我以善邪？吾與夫子遊十九年矣，而未嘗知吾兀者也。今子與我遊於形骸之内，而子索色百反。我於形骸之外，不亦過乎？」子産蹵然改容更庚。貌曰：「子無乃稱。」

魯有兀者叔山無趾，踵見現。仲尼。仲尼曰：「子不謹前，既犯患若是矣。雖今來，何及矣？」無趾曰：「吾唯不知務而輕用吾身，吾是以亡足。今吾來也，猶有尊足者存，吾是以務全之也。夫天無不覆，敷救反。地無不載，吾以夫子爲天地，安知夫子之猶若是也？」孔子曰：「丘則陋矣。夫子胡不入乎？請講以所聞。」無趾出。孔子曰：「弟子勉之。夫無趾，兀者也，猶務學以復補前行去聲。之惡，而況全德之人乎？」無趾語去聲。老聃曰：「孔丘之於至人，其未邪？彼何賓賓以學子爲？彼且蘄以諔俶。詭幻怪之名聞，不知至人之以是爲己桎梏邪？」老聃曰：「胡不直使彼以死生爲一條，以可不可爲一貫者？解其桎梏，其可乎？」無趾曰：「天刑之，安可解？」魯哀公問於仲尼曰：「衛有惡人焉，曰哀駘他。沱，下同。丈夫與之處者，思而不能去也；婦人見之，請於父母曰「與爲人妻，寧爲夫子妾」者，十數而未止也。未嘗有聞其唱者也，常和去聲，下同。而已矣。無君人之位以濟乎人之死，無聚祿以望人之腹，又以惡駭天下，和而不唱，知不出乎四域，且而雌雄合乎前。是必有異乎人者也。寡人召而觀之，果以惡駭天下。與寡人處，不至以月數，而寡人有意乎其爲人也；不至乎期年，而寡人信之。國無宰，而寡人傳國焉。悶門。然而後應，氾汎。而若辭。寡人醜乎，卒授之國。無幾何也，去寡人而行。寡人卹焉若有亡也，若無與樂洛。是國也。是何人者也？」仲尼曰：「丘也嘗使去聲。於楚矣，適見豚子食飲。於其死母者，少焉眴瞬。若，皆棄之而走。不見己焉爾，不得類焉爾。所愛其母者，非愛其形也，愛使其形者也。戰而死者，其人之葬也不以翣霅。資。刖者之屨，無爲愛之。皆無其本矣。爲天子之諸御，不爪翦，不穿耳；取娶。妻者，止於外，不得復使。形全猶足以爲爾，而況全德之人乎？今哀駘他未言而信，無功而親，使人授己國，唯恐其不受也，是必才全而德不形者也。」哀公曰：「何謂才全？」仲尼曰：「死生存亡，窮達貧富，賢與不肖毀譽，餘。飢渴寒暑，是事之變、命之行也。日夜相代乎前，而知不能規乎其始者也。故不足以滑汩。和，不可入於靈府。使之和豫，通而不失於兑。使日夜無郤隙。而與物爲春，是接而生時於心者也。是之謂才全。」「何謂德不形？」曰：「平者，水停之盛也。其可以爲法也，内保之而外不蕩也。德者，成和之脩也。德不形者，物不能離去聲。也。」哀公異日以告閔子曰：「始也吾以南面而君天下，執民之紀而憂其死，吾自以爲至通矣；今吾聞至人之言，恐吾無其實，輕用吾身而亡吾國。吾與孔丘，非君臣也，德友而已矣。」

闉因。跂企。支離無脤説稅，下同。衛靈公，靈公悦之，而視全人，其脰肩肩；甕㼜盎。大癭説齊桓公，桓公悦之，而視全人，其脰肩肩。故德有所長而形有所忘。人不忘其所忘而忘其所不忘，此謂誠忘。故聖人有所遊，而知智，下同。爲孽，約爲膠，德爲接，工爲商。聖人不謀，惡烏，下同。用知？不斲，惡用膠？無喪，去聲。惡用德？不貨，惡用商？四者，天鬻也。天鬻也者，天食也。既受食於天，又惡用人？有人之形，無人之情。有人之形，故群於人；無人之情，故是非不得於身。眇乎小哉，所以屬於人也；謷乎大哉，獨成其天。

惠子謂莊子曰：「人故無情乎？」莊子曰：「然。」惠子曰：「人而無情，何以謂之人？」莊子曰：「道與之貌，天與之形，惡得不謂之人？」惠子曰：「既謂之人，惡得無情？」莊子曰：「是非吾所謂情也。吾所謂無情者，言人之不以好惡並去聲，下同。內傷其身，常因自然，而不益生也。」惠子曰：「不益生，何以有其身？」莊子曰：「道與之貌，天與之形，無以好惡内傷其身。今子外乎子之神，勞乎子之精，倚樹而吟，據槁梧而瞑。眠。天選去聲。子之形，子以堅白鳴。」

養氣之說。

南華真經題評卷之三

洪陽張位

內篇

大宗師第六 遺生死。

知天之所爲，知人之所爲者，至矣。知天之所爲者，天而生也；知人之所爲者，以其知智。之所知以養其知智。之所不知，終其天年而不中道夭者，是知智。之盛也。雖然，有患。夫扶。知有所待而後當，去聲，下同。其所待者特未定也。庸詎知吾所謂天之非人乎？所謂人之非天乎？且有真人而後有真知。

何謂真人？古之真人，不逆寡，不雄成，不謨士。若然者，過而弗悔，當而不自得也。若然者，登高不慄，入水不濡，入火不熱。是知智。之能登假於道也若此。古之真人，其寢不夢，其覺教。無憂，其食不甘，其息深深。真人之息以踵，衆人之息以喉。屈服

亡身不真，非無我之極也，安能盡人之力？

者，其嗌益。言若哇。其耆欲深者，其天機淺。古之真人，不知悅生，不知惡去聲。死。其出不訢，欣。其入不距。翛然而往，翛然而來而已矣。不忘其所始，不求其所終。受而喜之，忘而復之。是之謂不以心捐道，不以人助天，是之謂真人。若然者，其心志，其容寂，其顙頯。去軌反。淒然似秋，煖然似春，喜怒通四時，與物有宜而莫知其極。故聖人之用兵也，亡國而不失人心；利澤施乎萬世，不爲愛人。故樂洛。通物，非聖人也；有親，非仁也；天時，非賢也；利害不通，非君子也；行名失己，非士也；亡身不真，非役人也。若狐不偕、務光、伯夷、叔齊、箕子、胥餘、紀他、沱。申徒狄，是役人之役，適人之適，而不自適其適者也。古之真人，其狀義而不朋，若不足而不承，與乎其觚而不堅也，張乎其虛而不華也，邴邴丙。乎其似喜乎，崔乎其不得已乎，滀乎進我色也，與乎止我德也，厲乎其似世乎，謷敖。乎其未可制也，連乎其似好去聲，下同。閉也，悗免。乎忘其言也。以刑爲體，以禮爲翼，以知爲時，以德爲循。以刑爲體者，綽乎其殺也；以禮爲翼者，所以行於世也；以

由由與偕。

天人不相勝，無偏執也。

一卷石之多。

犯人之形，桎梏形骸而成人類也。萬化未始有極，遊乎死生之外而無窮也。

宇宙在手，萬化生身。

知爲時者，不得已於事也；以德爲循者，言其與有足者至於丘也，而人真以爲勤行者也。故其好之也一，其弗好之也一。其一也一，其不一也一。其一與天爲徒，其不一與人爲徒。天與人不相勝也，是之謂真人。死生，命也；其有夜旦之常，天也。人之有所不得與，預。皆物之情也。彼特以天爲父，而身猶愛之，而況其卓乎？人特以有君爲愈乎己，而身猶死之，而況其真乎？泉涸，魚相與處上聲，下同。於陸，相呴吁。以濕，相濡以沫，不如相忘於江湖。與其譽餘。堯而非桀也，不如兩忘而化其道。夫扶，下同。大塊載我以形，勞我以生，佚我以老，息我以死。故善吾生者，乃所以善吾死也。夫藏舟於壑，藏山於澤，謂之固矣。然而夜半有力者負之而走，昧者不知也。藏小大有宜，猶有所遯。若夫藏天下於天下而不得所遯，是恒物之大情也。特犯人之形，而猶喜之。若人之形者，萬化而未始有極也，其爲樂洛。可勝升。計邪？故聖人將遊於物之所不得遯而皆存。善夭善老，善始善終，人猶效之，又況萬物之所係而一化之所待乎？

夫道，有情有信，無爲無形。可傳而不可受，可得而不可見。自本自根，未有天地，自古以固存。神鬼神帝，生天生地。在太極之先而不爲高，在六極之下而不爲深，先去聲。天地生而不爲久，長上聲，下同。於上古而不爲老。狶喜。韋氏得之，以挈天地；伏戲羲。得之，以襲氣母；維斗得之，終古不忒；日月得之，終古不息；堪坏丕。得之，以襲崑崙；馮憑。夷得之，以遊大川；肩吾得之，以處大泰。山；黄帝得之，以登雲天；顓頊得之，以處玄宫；禺愚。强得之，立乎北極；西王母得之，坐乎少去聲。廣，莫知其始，莫知其終；彭祖得之，上及有虞，下及五伯；傅説悦。得之，以相去聲。武丁，奄有天下，乘東維、騎箕尾，而比於列星。

南伯子葵問乎女偊禹。曰：「子之年長矣，而色若孺子，何也？」曰：「吾聞道矣。」南伯子葵曰：「道可得學邪？」曰：「惡，惡烏，下同。可？子非其人也。夫卜梁倚有聖人之才而無聖人之道，我有聖人之道而無聖人之才。吾欲以教之，庶幾機。其果爲聖人乎？不然，以聖人之道告聖人之才，亦易異。矣。吾猶守而告

忘世。
忘物。
忘我。
一靈長在。
書册。記誦。
見聞。無爲。
無言。無心。
無守。無極。
任陰陽之變，不爲病苦。

之，參三。日而後能外天下；已外天下矣，吾又守之，七日而後能外物；已外物矣，吾又守之，九日而後能外生。已外生矣，而後能朝徹；朝徹，而後能見獨；見獨，而後能無古今；無古今，而後能入於不死不生。殺生者不死，生生者不生。其爲物，無不將也，無不迎也，無不毁也，無不成也。其名爲攖寧。攖寧也者，攖而後成者也。」南伯子葵曰：「子獨惡乎聞之？」曰：「聞諸副墨之子，副墨之子聞諸洛誦之孫，洛誦之孫聞之瞻明，瞻明聞之聶許，聶許聞之需役，需役聞之於烏，下同。謳，於謳聞之玄冥，玄冥聞之參寥，參寥聞之疑始。」

子祀、子輿、子犁、子來四人相與語曰：「孰能以無爲首，以生爲脊，以死爲尻，孰知死生存亡之一體者，吾與之友矣。」四人相視而笑，莫逆於心，遂相與爲友。俄而子輿有病，子祀往問之。曰：「偉哉夫造物者，將以予爲此拘拘也。」曲僂縷。發背，上有五管，頤隱於齊，肩高於頂，句贅指天，陰陽之氣有沴，戾。其心間閑。而無事，跰駢。𨇤鮮。而鑑于井，曰：「嗟乎。夫造物者又將以予爲此拘

物結，繫戀也。

洞死生之故，不以形骸自累也。

拘也。」子祀曰：「女汝。惡去聲，下同。之乎？」曰：「亡，無。予何惡？浸假而化予之左臂以爲雞，予因以求時夜；浸假而化予之右臂以爲彈，但。予因以求鴞炙；浸假而化予之尻以爲輪，以神爲馬，予因而乘之，豈更庚。駕哉？且夫得者，時也；失者，順也。安時而處順，哀樂洛。不能入也。此古之所謂縣玄。解蟹，下同。也，而不能自解者，物有結之。且夫物不勝天久矣，吾又何惡焉？」俄而子來有病，喘喘然將死。其妻子環而泣之。犁往問之，曰：「叱，避，無怛化。」倚其户，與之語曰：「偉哉造化，又將奚以汝爲？將奚以汝適？以汝爲鼠肝乎？以汝爲蟲臂乎？」子來曰：「父母於子，東西南北，唯命之從。陰陽於人，不翅於父母。彼近吾死，而我不聽，我則悍矣，彼何罪焉？夫大塊載我以形，勞我以生，佚我以老，息我以死。故善吾生者，乃所以善吾死也。今大冶鑄金，金踴躍曰：『我且必爲鏌鋣。』大冶必以爲不祥之金。今一犯人之形，而曰：『人耳，人耳。』夫造化者必以爲不祥之人。今一以天地爲大鑪，以造化爲大冶，惡乎往而不可哉？」成然寐，蘧然覺。教。

子桑户、孟子反、子琴張三人相與友，曰：「孰能相與於無相與，相爲於無相爲？孰能登天遊霧，撓擾。挑兆。無極，相忘以生，無所終窮？」三人相視而笑，莫逆於心，遂相與友。莫然有間，而子桑户死，未葬。孔子聞之，使子貢往待事焉。或編曲，或鼓琴，相和去聲。而歌，曰：「嗟來桑户乎，嗟來桑户乎。而已反其真，而我猶爲人猗。」子貢趨而進曰：「敢問臨尸而歌，禮乎？」二人相視而笑曰：「是惡知禮意？」子貢反，以告孔子，曰：「彼何人者邪？脩行去聲。無有而外其形骸，臨尸而歌，顔色不變，無以命之。彼何人者邪？」孔子曰：「彼遊方之外者也，而丘遊方之内者也。外内不相及，而丘使女汝。往弔之，丘則陋矣。彼方且與造物者爲人，而遊乎天地之一氣。彼以生爲附贅縣玄。疣，尤。以死爲決𤴯換。潰癰。夫若然者，又惡知死生先後之所在？假於異物，託於同體；忘其肝膽，遺其耳目；反覆終始，不知端倪；芒然彷徨乎塵垢之外，逍遥乎無爲之業。彼又惡能憒憒匱。然爲世俗之禮，以觀去聲。衆人之耳目哉？」子貢曰：「然則夫子何方之依？」曰：「丘，天之戮民也。雖然，吾與汝共之。」子貢曰：「敢問其方？」孔子曰：「魚相造七到反，下同。乎水，人相造乎道。相造乎水者，穿池而養給；相造乎道者，無事而生定。故曰：魚相忘乎江湖，人相忘乎道術。」子貢曰：「敢問畸居宜反，下同。人。」曰：「畸人者，畸於人而侔於天。故曰：天之小人，人之君子；人之君子，天之小人也。」

顏回問仲尼曰：「孟孫才，其母死，哭泣無涕，中心不慼，居喪不哀。無是三者，以善喪蓋魯國。固有無其實而得其名者乎？回壹怪之。」仲尼曰：「夫孟孫氏盡之矣，進於知矣。唯簡之而不得，夫已有所簡矣。孟孫氏不知所以生，不知所以死；不知就先，不知就後。若化爲物，以待其所不知之化已乎？且方將化，惡知不化哉？方將不化，惡知已化哉？吾特與汝，其夢未始覺教。者邪？且彼有駭形而無損心，有旦宅而無情死。孟孫氏特覺，人哭亦哭，是自其所以乃。且也相與吾之耳矣，庸詎知吾所謂吾之乎？且汝夢爲鳥而厲乎天，夢爲魚而投於淵。不識今之言者，其覺教。者乎？其夢者乎？造適不及笑，獻笑不及排，安排而去化，乃入於寥

造適初入，獻笑款洽，排乃歸置已定也。安於性而不與化俱徂，可通天矣。

稱其善能造就人。

天一。」

意而子見許由。許由曰：「堯何以資汝？」意而子曰：「堯謂我：『汝必躬服仁義而明言是非。』」許由曰：「而奚來爲軹？咫。夫堯既已黥汝以仁義，而劓汝以是非矣，汝將何以遊夫遥蕩恣睢轉徙之塗乎？」意而子曰：「雖然，吾願遊於其藩。」許由曰：「不然。夫盲者無以與預，下同。乎眉目顏色之好，瞽者無以與乎青黄黼黻之觀。」去聲。意而子曰：「夫無莊之失其美，據梁之失其力，黄帝之亡其知，皆在鑪錘之間耳。庸詎知夫造物者之不息我黥而補我劓，使我乘成以隨先生邪？」許由曰：「噫，未可知也。我爲去聲。汝言其大略：吾師乎，吾師乎。𩐎賫。萬物而不爲義，澤及萬世而不爲仁，長上聲。於上古而不爲老，覆敷救反，下同。載天地、刻雕衆形而不爲巧。此所遊已。」

顏回曰：「回益矣。」仲尼曰：「何謂也？」曰：「回忘仁義矣。」曰：「可矣，猶未也。」他日，復扶又反，下同。見，曰：「回益矣。」曰：「何謂也？」曰：「回忘禮樂矣。」曰：「可矣，猶未也。」他日，

安命然後能樂貧賤，樂貧賤然後能任生死。今人躭受享而求道，真誤矣。

復見，曰：「回益矣。」曰：「何謂也？」曰：「回坐忘矣。」仲尼蹵然曰：「何謂坐忘？」顔回曰：「墮隳。枝體，黜聰明，離去聲。形去上聲。知，智。同於大通，此謂坐忘。」仲尼曰：「同則無好去聲。也，化則無常也。而果其賢乎，丘也請從而後也。」

子輿與子桑友，而淋雨十日。子輿曰：「子桑殆病矣。」裹飯而往食嗣。之。至子桑之門，則若歌若哭，鼓琴曰：「父邪，母邪，天乎，人乎。」有不任壬。其聲而趨舉其詩焉。子輿入，曰：「子之歌詩，何故若是？」曰：「吾思夫使我至此極者而弗得也。父母豈欲吾貧哉？天無私覆，地無私載，天地豈私貧我哉？求其爲之者而不得也。然而至此極者，命也夫。」

出入總有所着。

應帝王第七

齧缺問於王倪，四問而四不知。齧缺因躍而大喜，行以告蒲衣子。蒲衣子曰：「而乃今知之乎？有虞氏不及泰氏。有虞氏，其猶藏仁以要平聲。人，亦得人矣，而未始出於非人。泰氏，其卧徐徐，其覺教。于于。一以己爲馬，一以己爲牛。其知情信，其德甚真，而未始入於非人。」

肩吾見狂接輿。狂接輿曰：「日中仲，又如字。始何以語去聲。汝？」肩吾曰：「告我君人者以己出經式義度，人孰敢不聽而化諸？」狂接輿曰：「是欺德也。其於治天下也，猶涉海鑿河而使蚉負山也。夫扶，下同。聖人之治也，治外乎？正而後行，確乎能其事者而已矣。且鳥高飛以避矰弋之害，鼷鼠深穴乎神丘之下以避熏鑿之患，而曾二蟲之無知。」

天根遊於殷陽，至蓼了。水之上，適遭無名人而問焉，曰：「請問爲天下。」無名人曰：「去，汝鄙人也，何問之不豫也。予方將與

隨人唱和。

造物者爲人，厭則又乘夫莽眇之鳥，以出六極之外，而遊無何有之鄉，以處上聲。壙埌朗。之野。汝又何帠藝。以治天下感予之心爲？」又復扶又反，下同。問。無名人曰：「汝遊心於淡，合氣於漠，順物自然而無容私焉，而天下治矣。」

陽子居見老聃曰：「有人於此，嚮疾彊梁，物徹疏明，學道不勌。倦。如是者，可比明王乎？」老聃曰：「是於聖人也，胥易技係，勞形怵心者也。且也虎豹之文來田，猨狙之便平聲。執斄狸、來二音。之狗來藉。如是者，可比明王乎？」陽子居蹵然曰：「敢問明王之治。」老聃曰：「明王之治：功蓋天下，而似不自己；化貸萬物，而民弗恃。有莫舉名，使物自喜。立乎不測，而遊於無有者也。」

鄭有神巫曰季咸，知人之死生存亡、禍福壽夭，期以歲月旬日，若神。鄭人見之，皆棄而走。列子見之而心醉，歸，以告壺子，曰：「始吾以夫子之道爲至矣，則又有至焉者矣。」壺子曰：「吾與汝既其文，未既其實。而固得道與？餘。衆雌而無雄，而又奚卵焉？而以道與世亢，必信，夫故使人得而相去聲，下同。汝。嘗試與來，以予示之。」明日，列子與之見壺子。出而謂列子曰：「嘻，子之先生死矣，弗活矣，不以旬數矣。吾見怪焉，見濕灰焉。」列子入，泣涕沾襟以告壺子。壺子曰：「鄉向，下同。吾示之以地文，萌乎不震不正，是殆見吾杜德機也。嘗又與來。」明日，又與之見壺子。出而謂列子曰：「幸矣，子之先生遇我也，有瘳矣，全然有生矣。吾見其杜權矣。」列子入，以告壺子。壺子曰：「鄉吾示之以天壤，名實不入，而機發於踵。是殆見吾善者機也。嘗又與來。」明日，又與之見壺子。出而謂列子曰：「子之先生不齊，吾無得而相焉。試齊，且復相之。」列子入，以告壺子。壺子曰：「吾鄉示之以太沖莫勝，是殆見吾衡氣機也。鯢桓之審爲淵，止水之審爲淵，流水之審爲淵。淵有九名，此處上聲。三焉。嘗又與來。」明日，又與之見壺子。立未定，自失而走。壺子曰：「追之。」列子追之不及。反，以報壺子曰：「已滅矣，已失矣，吾弗及已。」壺子曰：「鄉吾示之以未始出吾宗。吾與之虛而委蛇，音萎移。不知其誰何，因以爲弟頹。靡，因以爲波流，故逃也。」然後列子自以爲未始學而

南帝識主，北帝情君，中央黄庭正位居體。

歸，三年不出。爲去聲。其妻爨，食嗣，下同。豕如食人，於事無與親，彫琢復朴，塊然獨以其形立。紛而封哉，一以是終。無爲名尸，無爲謀府，無爲事任，無爲知智。主。體盡無窮，而遊無朕。盡其所受乎天而無見得，亦虚而已。至人之用心若鏡，不將不迎，應而不藏，故能勝物而不傷。

南海之帝爲儵，叔。北海之帝爲忽，中央之帝爲渾上聲，下同。沌。儵與忽時相與遇於渾沌之地，渾沌待之甚善。儵與忽謀報渾沌之德，曰：「人皆有七竅以視聽食息，此獨無有，嘗試鑿之。」日鑿一竅，七日而渾沌死。

南華真經題評卷之四

洪陽張位

外篇

駢拇第八 通篇一意。

駢拇某。枝指，出乎性哉，而侈於德；附贅縣玄。疣，尤。出乎形哉，而侈於性。多方乎仁義而用之者，列於五藏去聲，下同。哉，而非道德之正也。是故駢於足者，連無用之肉也；枝於手者，樹無用之指也；多方駢枝於五藏之情者，淫僻於仁義之行，去聲。而多方於聰明之用也。是故駢於明者，亂五色，淫文章，青黄黼黻之煌煌非乎？而離朱是已。多於聰者，亂五聲，淫六律，金石絲竹黄鍾大吕之聲非乎？而師曠是已。枝於仁者，擢德塞入聲。性以收名聲，使天下簧鼓以奉不及之法非乎？而曾、史是已。駢於辯者，纍上聲。瓦結繩竄句，遊心於堅白同異之間，而敝跬屑。譽餘。無用之言非乎？而楊、墨是已。故此皆多駢旁枝之道，非天下之至正也。彼正正者，不失其性命之情。故合者不爲駢，而枝者不爲跂；（岐。）長者不爲有餘，短者不爲不足。是故鳧脛雖短，續之則憂；鶴脛雖長，斷（短，下同。）之則悲。故性長非所斷，性短非所續，無所去（上聲。）憂也。意仁義其非人情乎？彼仁義何其多憂也？且夫（扶，下同。）駢於拇者，決之則泣；枝於手者，齕（核。）之則啼。二者，或有餘於數，或不足於數，其於憂一也。今世之仁人，蒿目而憂世之患；不仁之人，決性命之情而饕（叨。）貴富。故意仁義其非人情乎？自三代以下者，天下何其囂囂也。且夫待鉤繩規矩而正者，是削其性也；待繩約膠漆而固者，是侵其德也。屈折禮樂，呴俞仁義，以慰天下之心者，此失其常然也。天下有常然。常然者，曲者不以鉤，直者不以繩，圓者不以規，方者不以矩，附離不以膠漆，約束不以纆（墨。）索。故天下誘然皆生，而不知其所以生；同焉皆得，而不知其所以得。故古今不二，不可虧也。則仁義又奚連連如膠漆纆索而遊乎道德之間爲哉？使天下惑也。夫小惑易方，大惑易性。何以知其然邪？自虞氏招仁義以撓天下也，天下莫不奔命於仁義。是非以仁義易其性與？餘。故嘗試論之：自三代以下者，天下莫不以物易其性矣。小人則以身殉利，士則以身殉名，大夫則以身殉家，聖人則以身殉天下。故此數子者，事業不同，名聲異號，其於傷性以身爲殉，一也。臧與穀，二人相與牧羊而俱亡其羊。問臧奚事，則挾筴策。讀書；問穀奚事，則博塞以遊。二人者，事業不同，其於亡羊均也。伯夷死名於首陽之下，盜跖死利於東陵之上。二人者，所死不同，其於殘生傷性均也。奚必伯夷之是而盜跖之非乎？天下盡殉也，彼其所殉仁義也，則俗謂之君子；其所殉貨財也，則俗謂之小人。其殉一也，則有君子焉，有小人焉。若其殘生損性，則盜跖亦伯夷已，又惡烏。取君子小人於其間哉？且夫屬其性乎仁義者，雖通如曾、史，非吾所謂臧也。屬其性於五味，雖通如俞兒，非吾所謂臧也；屬其性乎五聲，雖通如師曠，非吾所謂聰也；屬其性乎五色，雖通如離朱，非吾所謂明也。吾所謂臧，非仁義之謂也，臧於其德而已矣；吾所謂臧者，非所謂仁義之謂也，任其性命之情而已矣；吾所謂聰者，非謂其聞彼也，自聞而已矣；吾所謂明者，非謂其見彼也，自見而已矣。夫不自見而見彼，不自得而得彼者，是得人之得而不自得其得者也，適人之適而不自適其適者也。夫適人之適而不自適其適，雖盜跖與伯夷，是同爲淫僻也。余愧乎道德，是以上不敢爲仁義之操，而下不敢爲淫僻之行去聲。也。

馬蹄第九 通篇一意。

馬，蹄可以踐霜雪，毛可以禦風寒，齕紇。草飲水，翹足而陸，此馬之真性也。雖有義臺路寢，無所用之。及至伯樂，洛，下伯樂同。曰：「我善治馬。」燒之，剔之，刻之，雒之。連之以羈馽，的、縶二音。編之以皁棧，馬之死者十二三矣；飢之渴之，馳之驟之，整之齊之，前有橛飾之患，而後有鞭筴策。之威，而馬之死者已過半矣。陶者曰：「我善治埴。」殖。圓者中去聲，下同。規，方者中矩。匠人曰：「我善治木。」曲者中鉤，直者應繩。夫扶，下同。埴木之性，豈欲中規矩鉤繩哉？然且世世稱之曰：「伯樂善治馬，而陶匠善治埴木。」此亦治天下者之過也。吾意善治天下者不然。彼民有常性，織而衣，耕而食，是謂同德。一而不黨，命曰天放。故至德之世，其行填填，田。其視顛顛。當是時也，山無蹊隧，澤無舟梁；萬物群生，連屬其鄉；禽獸成群，草木遂長。上聲。是故禽獸可係羈而遊，鳥鵲之巢可攀援而闚。夫至德之世，同與禽獸居，族與萬物並。惡烏。乎知君子小人哉？同乎無知，其德不離；同乎無欲，是謂素樸。素樸而民性得矣。及至聖人，蹩別。躠薛。爲仁，踶痔。跂啓。爲義，而天下始疑矣。澶憚。漫爲樂，摘僻爲禮，而天下始分矣。故純樸不殘，孰爲犧樽？白玉不毁，孰爲珪璋？道德不廢，安取仁義？性情不離，安用禮樂？五色不亂，孰爲文采？五聲不亂，孰應六律？夫殘樸以爲器，工匠之罪也；毁道德以爲仁義，聖人之過也。夫馬陸居則食草飲水，喜則交頸相靡，怒則分背相踶。大計反。馬知智。已此矣。夫加之以衡扼，軛。齊之以月題，而馬知介戛。倪、睨。闉因。扼、鷙蹎。曼、詭銜、竊轡。故馬之知智。而能至盜者，伯樂之罪也。夫赫胥氏之時，民居不知所爲，行不知所之，含哺而熙，鼓腹而遊。民能已此矣。及至聖人，屈折禮樂以匡天下之形，縣玄。跂仁義以慰天下之心，而民乃始踶跂好知，並去聲。爭歸於利，不可止也。此亦聖人之過也。

胠篋第十 通篇一意。

將爲胠祛。篋探平聲。囊發匱之盜而爲守備，則必攝緘縢，固扃鐍，決。此世俗之所謂知智，下同。也。然而巨盜至，則負匱揭篋擔囊而趨，唯恐緘縢扃鐍之不固也。然則鄉向。之所謂知者，不乃爲去聲，下同。大盜積者也？故嘗試論之：世俗所謂知者，有不爲大盜積者乎？所謂聖者，有不爲大盜守者乎？何以知其然邪？昔者齊國鄰邑相望，雞狗之音相聞，罔罟之所布，耒耨之所刺，方二千餘里。闔四境之內，所以立宗廟社稷，治邑屋州閭鄉曲者，曷嘗不法聖人哉？然而田成子一旦殺弑。齊君而盜其國，所盜者豈獨其國邪？并與其聖知智，下同。之法而盜之，故田成子有乎盜賊之名，而身處上聲。堯舜之安。小國不敢非，大國不敢誅，十二世有齊國。則是不乃竊齊國并與其聖知之法以守其盜賊之身乎？嘗試論之：世俗之所謂至知者，有不爲大盜積者乎？所謂至聖者，有不爲大盜守者乎？何以知其然邪？昔者龍逢斬，比干剖，萇弘胣，恥。

子胥靡，故四子之賢而身不免乎戮。故跖之徒問於跖曰：「盜亦有道乎？」跖曰：「何適而無有道邪？夫扶，下同。妄意室中之藏，聖也；入先，勇也；出後，義也；知可否，知智。也；分均，仁也。五者不備而能成大盜者，天下未之有也。」由是觀之，善人不得聖人之道不立，跖不得聖人之道不行。天下之善人少而不善人多，則聖人之利天下也少而害天下也多。故曰：脣竭則齒寒，魯酒薄而邯鄲音寒丹。圍，聖人生而大盜起。掊剖。擊聖人，縱舍捨。盜賊，而天下始治矣。夫川竭而谷虛，丘夷而淵實。聖人已死，則大盜不起，天下平而無故矣。聖人不死，大盜不止。雖重聖人而治天下，則是重利盜跖也。爲之斗斛以量之，則并與斗斛而竊之；爲之權衡以稱之，則并與權衡而竊之；爲之符璽以信之，則并與符璽而竊之；爲之仁義以矯之，則并與仁義而竊之。何以知其然邪？彼竊鉤者誅，竊國者爲諸侯，諸侯之門而仁義存焉，則是非竊仁義聖知智，下同。邪？故逐於大盜，揭諸侯，竊仁義并斗斛、權衡、符璽之利者，雖有軒冕之賞弗能勸，斧鉞之威弗能禁。此重利盜跖而使不可禁者，是乃聖人之過也。故曰：「魚不可脱於淵，國之利器不可以示人。」彼聖人者，天下之利器也，非所以明天下也。故絶聖棄知，大盗乃止；擿擲。玉毁珠，小盗不起；焚符破璽，而民朴鄙；掊斗折衡，而民不爭；殫丹。殘天下之聖法，而民始可與論議；擢亂六律，鑠絶竽瑟，塞入聲。瞽曠之耳，而天下始人含其聰矣；滅文章，散五采，膠離朱之目，而天下始人含其明矣；毁絶鉤繩而棄規矩，攦吕係、力結二反。工倕垂。之指，而天下始人有其巧矣。故曰：「大巧若拙。」削曾、史之行，去聲。鉗楊、墨之口，攘棄仁義，而天下之德始玄同矣。彼人含其明，則天下不鑠矣；人含其聰，則天下不累矣；人含其知，則天下不惑矣；人含其德，則天下不僻矣。彼曾、史、楊、墨、師曠、工倕、離朱者，皆外立其德而以爚藥。亂天下者也，法之所無用也。子獨不知至德之世乎？昔者容成氏、大庭氏、伯皇氏、中央氏、栗陸氏、驪畜氏、軒轅氏、赫胥氏、尊盧氏、祝融氏、伏戲氏、神農氏，當是時也，民結繩而用之，甘其食，美其服，樂洛。其俗，安其居，鄰國相望，雞狗之音相聞，民至老死而不相往來。若此之時，則至治已。今遂至使民延頸舉踵，曰「某所有賢者」，贏糧而趣之，則內棄其親而外去其主之事，足跡接諸侯之境，車軌結乎千里之外。則是上好知並去聲，下同。之過也。上誠好知而無道，則天下大亂矣。何以知其然邪？夫弓弩畢弋機變之知智，下同。多，則鳥亂於上矣；鉤餌罔罟罾笱之知多，則魚亂於水矣；削格羅落罝罘音嗟浮。之知多，則獸亂於澤矣；知詐漸尖。毒，頡滑堅白、解揩，去聲。垢同異之變多，則俗惑於辯矣。故天下每每大亂，罪在於好知。故天下皆知求其所不知而莫知求其所已知者，皆知非其所不善而莫知非其所已善者，是以大亂。故上悖日月之明，下爍山川之精，中墮隳。四時之施，去聲。喘耎軟。之蟲，肖翹之物，莫不失其性。甚矣，夫好知智。之亂天下也。自三代以下者是已，舍夫種種上聲。之民而悅夫役役之佞，釋夫恬淡無爲而悅夫啍啍惇。之意，啍啍已亂天下矣。

在宥第十一

聞在宥天下，不聞治天下也。在之也者，恐天下之淫其性也；宥之也者，恐天下之遷其德也。天下不淫其性，不遷其德，有治天下者哉？昔堯之治天下也，使天下欣欣焉人樂洛。其性，是不恬也；桀之治天下也，使天下瘁瘁焉人苦其性，是不愉也。夫扶，下同。不恬不愉，非德也。非德也而可以長久者，天下無之。人大喜邪，毗於陽；大怒邪，毗於陰。陰陽並毗，四時不至，寒暑之和不成，其反傷人之形乎。使人喜怒失位，居處上聲，下同。無常，思慮不自得，中道不成章。於是乎天下始喬矯、驕二音。詰卓鷙，而後有盜跖、曾、史之行。去聲。故舉天下以賞其善者不足，舉天下以罰其惡者不給，故天下之大不足以賞罰。自三代以下者，匈匈焉終以賞罰爲事，彼何暇安其性命之情哉？而且悦明邪，是淫於色也；悦聰邪，是淫於聲也；悦仁邪，是亂於德也；悦義邪，是悖於理也；悦禮邪，是相去聲，下同。於技也；悦樂邪，是相於淫也；悦聖邪，是相於藝也；悦知智，下同。邪，是相於疵也。天下將安其性命之情，之八者，存可也，亡可也；天下將不安其性命之情，之八者，乃始臠卷傖倉。囊而亂天下也。而天下乃始尊之惜之。甚矣，天下之惑也，豈直過也而去之邪。乃齊齋。戒以言之，跪危。坐以進之，鼓歌以儛之。吾若是何哉？故君子不得已而臨莅天下，莫若無爲。無爲也，而後安其性命之情。故貴以身於爲天下，則可以託天下；愛以身於爲天下，則可以寄天下。故君子苟能無解其五藏，去聲，下同。無擢其聰明，尸居而龍見，現。淵默而雷聲，神動而天隨，從七容反。容無爲而萬物炊累焉。吾又何暇治天下哉？崔瞿問於老聃曰：「不治天下，安臧人心？」老聃曰：「汝慎無攖人心。人心排下而進上，上聲。上下囚殺，淖綽。約柔乎剛強，廉劌愧。彫琢，其熱焦火，其寒凝冰。其疾俛仰之間而再撫四海之外。其居也，淵而靜；其動也，縣玄。而天。僨驕而不可係者，其唯人心乎？昔者黄帝始以仁義攖人之心，堯舜於是乎股無胈，跋。脛無毛，以養天下之形，愁其五藏以爲仁義，矜勤。其血氣以規法度。

然猶有不勝也。堯於是放讙兜於崇山，投三苗於三峗，危。流共恭。工於幽都，此不勝天下也。夫施去聲。及三王而天下大駭矣。下有桀、跖，上有曾、史，而儒墨畢起。於是乎喜怒相疑，愚知相欺，善否相非，誕信相譏，而天下衰矣；大德不同，而性命爛漫矣；天下好去聲。知，而百姓求竭矣。於是乎釿斤。鋸據。制焉，繩墨殺焉，椎鑿决焉。天下脊脊籍。大亂，罪在攖人心。故賢者伏處大山嵁苦咸反。巖之下，而萬乘去聲。之君憂慄乎廟堂之上。今世殊死者相枕去聲。也，桁杭。楊者相推吐雷反。也，刑戮者相望也，而儒墨乃始離去聲。跂攘臂乎桎梏之間。意，噫。甚矣哉。其無愧而不知耻也甚矣。吾未知聖知智。之不爲桁楊椄接。槢習。也，仁義之不爲桎梏鑿曹，去聲。枘芮。也，焉烟。知曾、史之不爲桀跖嚆蒿。矢也？故曰：絶聖棄知，智。而天下大治。」

黄帝立爲天子十九年，令行天下，聞廣成子在於空同之上，故往見之，曰：「我聞吾子達於至道，敢問至道之精。吾欲取天地之精，以佐五穀，以養民人；吾又欲官陰陽，以遂群生。爲之柰何？」廣成子曰：「而所欲問者，物之質也；而所欲官者，物之殘也。自而治天下，雲氣不待族而雨，草木不待黄而落，日月之光益以荒矣。而佞人之心翦翦者，又奚足以語至道？」黄帝退，捐天下，築特室，席白茅，間閒。居三月，復扶又反。往邀之。廣成子南首狩。而卧，黄帝順下風膝行而進，再拜稽首而問曰：「聞吾子達於至道，敢問：治身柰何而可以長久？」廣成子蹷厥。然而起，曰：「善哉問乎。來，吾語去聲，下同。汝至道：至道之精，窈窈冥冥；至道之極，昏昏默默。無視無聽，抱神以靜，形將自正。必靜必清，無勞汝形，無摇汝精，乃可以長生。目無所見，耳無所聞，心無所知，汝神將守形，形乃長生。慎汝内，閉汝外，多知爲敗。我爲去聲，下同。汝遂於大明之上矣，至彼至陽之原也；爲汝入於窈冥之門矣，至彼至陰之原也。天地有官，陰陽有藏。慎守汝身，物將自壯。我守其一以處其和，故我修身千二百歲矣，吾形未嘗衰。」黄帝再拜稽首曰：「廣成子之謂天矣。」廣成子曰：「來，余語汝：彼其物無窮，而人皆以爲終；彼其物無測，而人皆以爲極。得吾道者，上爲皇而下爲王；失吾道者，上見光而下爲土。今夫百昌皆生於土而反於土。故余將去汝，入無窮之門，以遊無極之野。吾與日月參光，吾與天地爲常。當我，緡乎；遠去聲。我，昬乎。人其盡死，而我獨存乎。」

雲將去聲，下同。東遊，過扶摇之枝而適遭鴻蒙。鴻蒙方將拊髀雀躍而遊。雲將見之，儻然止，贄然立，曰：「叟何人邪？叟何爲此？」鴻蒙拊髀雀躍不輟，對雲將曰：「遊。」雲將曰：「朕願有問也。」鴻蒙仰而視雲將曰：「吁。」雲將曰：「天氣不和，地氣鬱結，六氣不調，四時不節。今我願合六氣之精以育群生，爲之柰何？」鴻蒙拊髀爵躍掉頭曰：「吾弗知，吾弗知。」雲將不得問。又三年，東遊，過有宋之野，而適遭鴻蒙。雲將大喜，行趨而進，曰：「天忘朕邪？天忘朕邪？」再拜稽首，願聞於鴻蒙。鴻蒙曰：「浮游，不知所求；猖狂，不知所往。遊者鞅掌，以觀無妄。朕又何知？」雲將曰：「朕也自以爲猖狂，而民隨予所往；朕也不得已於民，今則民之放倣。也。願聞一言。」鴻蒙曰：「亂天下之經，逆物之情，玄天弗成；解獸之群，而鳥皆夜鳴，災及草木，禍及昆蟲。噫，治人之過也。」雲將曰：「然則吾柰何？」鴻蒙曰：「噫，毒哉。僊僊乎歸矣。」雲將曰：「吾遇天難，願聞一言。」鴻蒙曰：「噫，心養。汝徒處無爲，而物自化。墮隳。爾形體，吐爾聰明，倫與物忘；大同乎涬幸。溟，解心釋神，莫然無魂。萬物云云，各復其根，各復其根而不知。渾渾上聲。沌沌，徒本反。終身不離。去聲，下同。若彼知之，乃是離之。無問其名，無闚其情，物故自生。」雲將曰：「天降朕以德，示朕以默。躬身求之，乃今也得。」再拜稽首，起辭而行。

世俗之人，皆喜人之同乎己而惡去聲。人之異於己也。同於己而欲之，異於己而不欲者，以出乎衆爲心也。夫以出乎衆爲心者，曷嘗出乎衆哉？因衆以寧所聞，不如衆技衆矣。而欲爲人之國者，此攬乎三王之利而不見其患者也。此以人之國僥倖也。幾何僥倖而不喪去聲，下同。人之國乎？其存人之國也，無萬分之一；而喪人之國也，一不成而萬有餘喪矣。悲夫，有土者之不知也。夫有土者，有大物也。有大物者，不可以物物而不物，故能物物。明乎物物者之非物也，豈獨治天下百姓而已哉？出入六合，遊乎九州，獨往獨來，是謂獨有。獨有之人，是之謂至貴。

大人之教，若形之於影，聲之於響。有問而應之，盡其所懷，爲天下配。處乎無響，行乎無方。挈汝適復之撓撓，以遊無端。出入無旁，與日無始。頌論形軀，合乎大同。大同而無己。無己，惡烏。乎得有有？覩有者，昔之君子；覩無者，天地之友。

賤而不可不任者，物也；卑而不可不因者，民也；匿而不可不爲者，事也；麤而不可不陳者，法也；遠而不可不居者，義也；親而不可不廣者，仁也；節而不可不積者，禮也；中而不可不高者，德也；一而不可不易者，道也；神而不可不爲者，天也。故聖人觀於天而不助，成於德而不累，上聲。出於道而不謀，會於仁而不恃，薄博。於義而不積，應於禮而不諱，接於事而不讓，齊於法而不亂，恃於民而不輕，因於物而不去。物者，莫足爲也，而不可不爲。不明於天者，不純於德；不通於道者，無自而可；不明於道者，悲夫。何謂道?有天道,有人道。無爲而尊者,天道也;有爲而累者,人道也。主者,天道也;臣者,人道也。天道之與人道也,相去遠矣,不可不察也。

南華真經題評卷之五

洪陽張位

外篇

天地第十二

天地雖大，其化均也；萬物雖多，其治一也；人卒雖衆，其主君也。君原於德而成於天。故曰：玄古之君天下，無爲也，天德而已矣。以道觀言而天下之君正，以道觀分去聲。而君臣之義明，以道觀能而天下之官治，以道汎觀而萬物之應備。故通於天地者，德也；行於萬物者，道也；上治人者，事也；能有所藝者，技也。技兼於事，事兼於義，義兼於德，德兼於道，道兼於天。故曰：古之畜天下者，無欲而天下足，無爲而萬物化，淵靜而百姓定。《記》曰：「通於一而萬事畢，無心得而鬼神服。」夫子曰：「夫扶，下同。道，覆敷救反。載萬物者也，洋洋乎大哉，君子不可以不刳枯。心焉。無爲爲之之謂天，無爲言之之謂德，愛人利物之謂仁，不同同之之謂大，行不崖異之謂寬，有萬不同之謂富。故執德之謂紀，德成之謂立，循於道之謂備，不以物挫志之謂完。君子明於此十者，則韜乎其事心之大也，沛乎其爲萬物逝也。若然者，藏金於山，藏珠於淵；不利貨財，不近富貴；不樂洛。壽，不哀夭；不榮通，不醜窮；不拘一世之利以爲己私分，不以王去聲。天下爲己處上聲。顯。顯則明，萬物一府，死生同狀。」夫子曰：「夫道，淵乎其居也，漻留、聊二音。乎其清也。金石不得，無以鳴。故金石有聲，不考不鳴。萬物孰能定之？夫王德之人，素逝而恥通於事，立之本原而知智，下同。通於神，故其德廣。其心之出，有物採之。故形非道不生，生非德不明。存形窮生，立德明道，非王德者邪？蕩蕩乎，忽然出，勃然動，而萬物從之乎。此謂王德之人。視乎冥冥，聽乎無聲。冥冥之中，獨見曉焉；無聲之中，獨聞和焉。故深之又深，而能物焉；神之又神，而能精焉。故其與萬物接也，至無而供其求，時騁而要平聲，下同。其宿，大小，長短，修遠。」

黄帝遊乎赤水之北，登乎崑崙之丘而南望。還旋。歸，遺其玄珠。

使知索色百反，下同。之而不得，使離朱索之而不得，使喫詬索之而不得也。乃使象罔，象罔得之。黄帝曰：「異哉，象罔乃可以得之乎？」

堯之師曰許由，許由之師曰齧缺，齧缺之師曰王倪，王倪之師曰被衣。堯問於許由曰：「齧缺可以配天乎？吾藉王倪以要之。」許由曰：「殆哉，圾岌。乎天下。齧缺之爲人也，聰明睿知，給數朔。以敏，其性過人，而又乃以人受天。彼審乎禁過，而不知過之所由生。與之配天乎？彼且乘人而無天。方且本身而異形，方且尊知而火馳，方且爲緒使，方且爲物絯，該。方且四顧而物應，方且應衆宜，方且與物化而未始有恒。夫何足以配天乎。雖然，有族有祖，可以爲衆父，而不可以爲衆父父。治，亂之率也，北面之禍也，南面之賊也。」

堯觀乎華。華封人曰：「嘻，聖人。請祝聖人，使聖人壽。」堯曰：「辭。」「使聖人富。」堯曰：「辭。」「使聖人多男子。」堯曰：「辭。」封人曰：「壽、富、多男子，人之所欲也，汝獨不欲，何邪？」堯曰：「多男子則多懼，富則多事，壽則多辱。是三者，非所以養德也，故辭。」封人曰：「始也我以汝爲聖人邪，今然君子也。天生萬民，必授之職。多男子而授之職，則何懼之有？富而使人分之，則何事之有？夫聖人，鶉居而鷇寇。食，鳥行而無彰。天下有道，則與物皆昌；天下無道，則修德就閒。千歲厭世，去而上僊，乘彼白雲，至于帝鄉。三患莫至，身常無殃，則何辱之有？」封人去之。堯隨之，曰：「請問。」封人曰：「退已。」

堯治天下，伯成子高立爲諸侯。堯授舜，舜授禹，伯成子高辭爲諸侯而耕。禹往見之，則耕在野。禹趨就下風，立而問焉，曰：「昔堯治天下，吾子立爲諸侯。堯授舜，舜授予，而吾子辭爲諸侯而耕，敢問其故何也？」子高曰：「昔堯治天下，不賞而民勸，不罰而民畏。今子賞罰而民且不仁，德自此衰，刑自此立，後世之亂自此始矣。夫子闔行邪？無落吾事。」俋俋邑。乎耕而不顧。

泰初有無，無有無名；一之所起，有一而未形。物得以生，謂之德；未形者有分，且然無間，謂之命；留動而生物，物成生理，謂之形；形體保神，各有儀則，謂之性。性修反德，德至同於初。同乃虛，虛乃大。合喙鳴，喙鳴合，與天地爲合。其合緡緡，若愚若昏，是謂玄德，同乎大順。

夫子問於老聃曰：「有人治道若相放，可不可，然不然。辯者有言曰：『離堅白，若縣玄。寓。』若是則可謂聖人乎？」老聃曰：「是胥易技係，勞形怵心者也。執狸之狗成思，猨狙之便平聲。自山林來。丘，予告若，而所不能聞與而所不能言：凡有首有趾、無心無耳者衆，有形者與無形無狀而皆存者盡無。其動止也，其死生也，其廢起也，此又非其所以也。有治在人，忘乎物，忘乎天，其名爲忘己。忘己之人，是之謂入於天。」

蔣閭葂免、晚二音。見季徹曰：「魯君謂葂也曰：『請受教。』辭不獲命，既已告矣，未知中去聲。否，請嘗薦之。吾謂魯君曰：『必服恭儉，拔出公忠之屬而無阿私，民孰敢不輯？』」季徹局局然笑曰：「若夫子之言，於帝王之德，猶螳蜋之怒臂以當車轍，則必不勝升。任矣。且若是，則其自爲處危，其觀去聲。臺多物，將往投迹者衆。」蔣閭葂覤覤閲。然驚曰：「葂也汒芒。若於夫子之所言矣。雖然，願先生之言其風也。」季徹曰：「大聖之治天下也，搖蕩民心，使之成教易俗，舉滅其賊心而皆進其獨志，若性之自爲，而民不知其所由然。若然者，豈兄堯舜之教民，溟涬（幸。）然弟之哉？欲同乎德而心居矣。」

子貢南遊於楚，反於晉，過漢陰，見一丈人方將爲圃畦，鑿隧而入井，抱甕而出灌。搰搰（窟。）然用力甚多，而見功寡。子貢曰：「有械於此，一日浸百畦，用力甚寡，而見功多。夫子不欲乎？」爲圃者仰而視之，曰：「柰何？」曰：「鑿木爲機，後重前輕，挈水若抽。數（朔。）如泆（逸。）湯，其名爲槔。」爲圃者忿然作色而笑曰：「吾聞之吾師：有機械者必有機事，有機事者必有機心。機心存於胸中，則純白不備；純白不備，則神生不定。神生不定者，道之所不載也。吾非不知，羞而不爲也。」子貢瞞（鑾，上聲。）然慚，俯而不對。有間，爲圃者曰：「子奚爲者邪？」曰：「孔丘之徒也。」爲圃者曰：「子非夫（扶，下同。）博學以擬聖，於于以蓋衆，獨弦哀歌以賣名聲於天下者乎？汝方將忘汝神氣，墮（隳。）汝形骸，而庶幾（機。）乎。而身之不能治，而何暇治天下乎？子往矣，無乏吾事。」子貢卑陬失色，頊頊旭。然不自得，行三十里而後愈。其弟子曰：「向之人何爲者邪？夫子何故見之變容失色，終日不自反邪？」曰：「始吾以爲天下一人耳，不知復扶又反。有夫人也。吾聞之夫子：事求可，功求成，用力少、見功多者，聖人之道。今徒不然。執道者德全，德全者形全，形全者神全。神全者，聖人之道也。託生與民並行而不知其所之，汒芒。乎淳備哉。功利機巧必忘夫人之心。若夫人者，非其志不之，非其心不爲。雖以天下譽餘，下同。之，得其所謂，謷然不顧；以天下非之，失其所謂，儻然不受。天下之非譽，無益損焉，是謂全德之人哉。我之謂風波之民。」反於魯，以告孔子。孔子曰：「彼假修渾上聲。沌氏之術者也。識其一，不知其二；治其内，而不治其外。夫明白入素，無爲復朴，體性抱神，以遊世俗之間者，汝將固驚耶？且渾沌氏之術，予與汝何足以識之哉？」

諄芒將東之大壑，適遇苑風於東海之濱。苑風曰：「子將奚之？」曰：「將之大壑。」曰：「奚爲焉？」曰：「夫大壑之爲物也，注焉而不滿，酌焉而不竭。吾將遊焉。」苑風曰：「夫子無意于橫目之民乎？願聞聖治。」諄芒曰：「聖治乎？官施而不失其宜，拔舉而不失其能，畢見其情事而行其所爲，行言自爲而天下化，手撓顧指，四方之民莫不俱至，此之謂聖治。」「願聞德人。」曰：「德人者，居無思，行無慮，不藏是非美惡。四海之内共利之之謂悦，共給之之爲安。怊超。乎若嬰兒之失其母也，儻乎若行而失其道也。財用有餘而不知其所自來〔一〕，飲食取足而不知其所從，此謂德人之容。」「願聞神人。」曰：「上神乘光，與形滅亡，此謂照曠。致命盡情，天地樂洛。而萬事銷亡，萬物復情，此之謂混冥。」

門無鬼與赤張滿稽觀於武王之師。赤張滿稽曰：「不及有虞氏乎，故離此患也。」門無鬼曰：「天下均治而有虞氏治之邪？其亂而後治之與？」餘。赤張滿稽曰：「天下均治之爲願，而何計以有虞氏爲？有虞氏之藥瘍羊。也，禿而施髢，替。病而求醫。孝子操平聲。藥以脩慈父，其色燋焦。然，聖人羞之。至德之世，不尚賢，不使能。上如標枝，民如野鹿，端正而不知以爲義，相愛而不知以爲仁，實而不知以爲忠，當去聲。而不知以爲信，蠢動而相使，不以爲賜。是故行而無迹，事而無傳。」孝子不諛其親，忠臣不諂其君，臣子之盛也。親之所言而然，所行而善，則世俗謂之不肖子；君之所言而然，所行而善，則世俗謂之不肖臣。而未知此其必然邪？世俗之所謂然而然之，所謂善而善之，則不謂之導諛之人也。然則俗故嚴於親而尊於君邪？謂己導人，則勃然作色；謂己諛人，則怫然作色。而終身導人也，終身諛人也。合譬飾辭聚衆也，是終始本末不相坐。垂衣裳，設采色，動容貌，以媚一世，而不自謂導諛；與夫人之爲徒，通是非，而不自謂衆人。愚之至也。知其愚者，非大愚也；知其惑者，非大惑也。大惑者，終身不解；大愚者，終身不靈。三人行而一人惑，所適者猶可致也，惑者少也；二人惑則勞而不至，惑者勝也。而今也以天下惑，予雖有祈嚮，不可得也。不亦悲乎？大聲不入於里耳，《折楊》、《皇荂》，花。則嗑然而笑。是故高言不止於衆人之心，至言不出，俗言勝也。以二缶鍾當作垂踵。惑，而所適不得矣。而今也以天下惑，余雖有祈嚮，其庸可得邪？知其不可得也而強上聲。之，又一惑也，故莫若釋之而不推。不推，誰其比毗至反。憂？厲之人夜半生其子，遽取火而視之，汲汲然唯恐其似己也。

百年之木，破爲犧樽，青黄而文之，其斷在溝中。比犧樽於溝中之斷，則美惡有間去聲，下同。矣。其於失性，一也。跖與曾、史，行去聲。義有間矣，然其失性，均也。且夫失性有五：一曰五色亂目，使目不明；二曰五聲亂耳，使耳不聰；三曰五臭薰鼻，困惾子公反。中去聲。顙；四曰五味濁口，使口厲爽；五曰趣舍上聲，下同。滑汩。心，使性飛揚。此五者，皆生之害也。而楊、墨乃始離去聲。跂自以爲得，非吾所謂得也。夫得者困，可以爲得乎？則鳩鴞之在於籠也，亦可以爲得矣。且夫趣舍聲色，以柴其内；皮弁鷸聿。冠，搢笏紳修，以約其外。内支盈於柴柵，册。外重平聲。纆繳，墨灼，下同。睆睆環版反。然在纆繳之中，而自以爲得，則是罪人交臂歷指而虎豹在於囊檻，亦可以爲得矣。

校勘記

〔一〕「財」，原作「則」，據《道藏》本、世德堂本改。

天道第十三

天道運而無所積，故萬物成；帝道運而無所積，故天下歸；聖道運而無所積，故海内服。明於天，通於聖，六通四辟闢。於帝王之德者，其自爲也，昧然無不靜者矣。聖人之靜也，非曰靜也善，故靜也；萬物無足以鐃撓。心者，故靜也。水靜則明燭鬚眉，平中去聲。准，大匠取法焉。水靜猶明，而况精神？聖人之心靜乎，天地之鑒也，萬物之鏡也。夫扶，下同。虛靜恬淡寂寞無爲者，天地之平，而道德之至。故帝王聖人休焉。休則虛，虛則實，實者倫矣。虛則靜，靜則動，動則得矣。靜則無爲，無爲也則任事者責矣。無爲則俞俞，俞俞者，憂患不能處，上聲，下同。年壽長矣。夫虛靜恬淡寂寞無爲者，萬物之本也。明此以南鄉，向。堯之爲君也；明此以北面，舜之爲臣也。以此處上，帝王天子之德也；以此處下，玄聖素王之道也。以此退居而間閒。游，江海山林之士服；以此進爲而撫世，則功大名顯而天下一也。靜而聖，動而王，無爲也而尊，樸素而天下莫能與之爭美。夫明白於天地之德者，此之謂大本大宗，與天和者也；所以均調天下，與人和者也。與人和者，謂之人樂；洛，下同。與天和者，謂之天樂。莊子曰：「吾師乎，吾師乎。𩐈齎。萬物而不爲戾，澤及萬世而不爲仁，長上聲，下同。於上古而不爲壽，覆敷救反。載天地刻彫衆形而不爲巧，此之謂天樂。故曰：『知天樂者，其生也天行，其死也物化。靜而與陰同德，動而與陽同波。』故知天樂者，無天怨，無人非，無物累，無鬼責。故曰：『其動也天，其靜也地，一心定而王去聲。天下；其鬼不祟，其魂不疲，一心定而萬物服。』言以虛靜推於天地，通於萬物，此之謂天樂。天樂者，聖人之心，以畜天下也。」夫帝王之德，以天地爲宗，以道德爲主，以無爲爲常。無爲也，則用天下而有餘；有爲也，則爲天下用而不足。故古之人貴夫無爲也。上無爲也，下亦無爲也，是下與上同德，下與上同德則不臣；下有爲也，上亦有爲也，是上與下同道，上與下同道則不主。上必無爲而用天下，下必有爲爲天下用，此不易之道也。故古之王去聲。天下者，知智，下同。

雖落天地，不自慮也；辯雖彫萬物，不自悦也；能雖窮海内，不自爲也。天不産而萬物化，地不長而萬物育，帝王無爲而天下功。故曰：莫神於天，莫富於地，莫大於帝王。故曰：帝王之德配天地。此乘天地，馳萬物，而用人群之道也。本在於上，末在於下；要在於主，詳在於臣。三軍五兵之運，德之末也；賞罰利害，五刑之辟，教之末也；禮法度數，刑名比詳，治之末也；鐘鼓之音，羽旄之容，樂之末也；哭泣衰催。絰，隆殺所界反，下同。之服，哀之末也。此五末者，須精神之運，心術之動，然後從之者也。末學者，古人有之，而非所以先也。君先而臣從，父先而子從，兄先而弟從，長先而少去聲。從，男先而女從，夫先而婦從。夫尊卑先後，天地之行也，故聖人取象焉。天尊地卑，神明之位也；春夏先，秋冬後，四時之序也；萬物化作，萌區有狀，盛衰之殺，變化之流也。夫天地至神，而有尊卑先後之序，而况人道乎？宗廟尚親，朝潮。廷尚尊，鄉黨尚齒，行事尚賢，大道之序也。語道而非其序者，非道也；語道而非其道者，安取道？是故古之明大道者，先明天而道德次之，道德已明而仁義次之，仁義已明而分去聲，下同。守次之，分守已明而形名次之，形名已明而因任次之，因任已明而原省次之，原省已明而是非次之，是非已明而賞罰次之。賞罰已明，而愚知處宜，貴賤履位，仁賢不肖襲情，必分其能，必由其名。以此事上，以此畜下，以此治物，以此修身，知謀不用，必歸其天，此之謂太平，治之至也。故書曰：「有形有名。」形名者，古人有之，而非所以先也。古之語大道者，五變而形名可舉，九變而賞罰可言也。驟而語形名，不知其本也；驟而語賞罰，不知其始也。倒道而言，迕悟。道而說者，人之所治也，安能治人？驟而語形名賞罰，此有知治之具，非知治之道。可用於天下，不足以用天下，此之謂辯士，一曲之人也。禮法數度，形名比詳，古人有之，此下之所以事上，非上之所以畜下也。昔者舜問於堯曰：「天王之用心何如？」堯曰：「吾不敖傲。無告，不廢窮民，苦死者，嘉孺子而哀婦人，此吾所以用心已。」舜曰：「美則美矣，而未大也。」堯曰：「然則何如？」舜曰：「天德而出寧，日月照而四時行，若晝夜之有經，雲行

道通造化，真可忘言。

而雨施去聲。矣。」堯曰：「然則膠膠擾擾乎。子，天之合也；我，人之合也。」夫天地者，古之所大也，而黃帝、堯、舜之所共美也。故古之王去聲。天下者，奚爲哉？天地而已矣。

孔子西藏書於周室，子路謀曰：「由聞周之徵藏史有老聃者，免而歸居。夫子欲藏書，則試往因焉。」孔子曰：「善。」往見老聃，而老聃不許。於是繙十二經以説。税。老聃中其説，曰：「太謾，願聞其要。」孔子曰：「要在仁義。」老聃曰：「請問仁義，人之性邪？」孔子曰：「然。君子不仁則不成，不義則不生。仁義，真人之性也，又將奚爲矣？」老聃曰：「請問，何謂仁義？」孔子曰：「中心物愷，兼愛無私，此仁義之情也。」老聃曰：「意，噫，下同。幾平聲。乎後言。夫兼愛不亦迂乎？無私焉，乃私也。夫子若欲使天下無失其牧乎？則天地固有常矣，日月固有明矣，星辰固有列矣，禽獸固有群矣，樹木固有立矣。夫子亦放上聲。德而行，循道而趨，已至矣。又何偈偈居謁、巨謁二反。乎揭仁義，若擊鼓而求亡子焉？意，夫子亂人之性也。」

士成綺見老子而問曰：「吾聞夫子聖人也，吾固不辭遠道而來願見，百舍重平聲。趼繭。而不敢息。今吾觀子非聖人也。鼠壤有蔬，而棄妹不仁也。生熟不盡於前，而積斂去聲。無崖。」老子漠然不應。士成綺明日復扶又反。見，曰：「昔者吾有刺於子，今吾心正卻矣，何故也？」老子曰：「夫巧知神聖之人，吾自以爲脱焉。昔者子呼我牛也而謂之牛，呼我馬也而謂之馬。苟有其實，人與之名而弗受，再受其殃。吾服也恒服，吾非以服有服。」士成綺鴈行避影，履行遂進，而問：「修身若何？」老子曰：「而容崖然，而目衝然，而顙頯去軌反。然，而口闞然，而狀義然，似繫馬而止也。動而持，發也機，察而審，知巧而覩於泰，凡以爲不信。邊竟境。有人焉，其名爲竊。」老子曰(二)：「夫道，於大不終，於小不遺，故萬物備。廣廣乎其無不容也，淵乎其不可測也。形德仁義，神之末也，非至人孰能定之？夫至人有世，不亦大乎，而不足以爲之累。天下奮棅柄。而不與之偕，審乎無假而不與利遷，極物之真，能守其本。故外天地，遺萬物，而神未嘗有所困也。通乎道，合乎德，退仁義，賓禮樂，至人之心有所定矣。」

世之所貴道者，書也。書不過語。語有貴也。語之所貴者，意也。意有所隨。意之所隨者，不可以言傳也。而世因貴言傳書。世雖貴之哉，猶不足貴也，爲去聲。其貴非其貴也。故視而可見者，形與色也；聽而可聞者，名與聲也。悲夫，世人以形色名聲爲足以得彼之情。夫形色名聲果不足以得彼之情，則知者不言，言者不知，而世豈識之哉？桓公讀書於堂上。輪扁斲輪於堂下，釋椎鑿而上，上聲。問桓公曰：「敢問：公之所讀者何言邪？」公曰：「聖人之言也。」曰：「聖人在乎？」公曰：「已死矣。」曰：「然則君之所讀者，古人之糟魄一作粕，下同。已夫。」桓公曰：「寡人讀書，輪人安得議乎？有説則可，無説則死。」輪扁曰：「臣也以臣之事觀之，斲輪徐則甘而不固，疾則苦而不入。不徐不疾，得之於手而應於心，口不能言，有數存焉於其間。臣不能以喻臣之子，臣之子亦不能受之於臣，是以行年七十而老斲輪。古之人與其不可傳也死矣，然則君之所讀者，古人之糟魄已夫。」

校勘記

〔一〕「老子」，世德堂本同，《道藏》本作「夫子」。

天運第十四

「天其運乎？地其處上聲，下同。乎？日月其爭於所乎？孰主張是？孰維綱是？孰居無事推而行是？意者其有機緘而不得已邪？意者其運轉而不能自止邪？雲者爲去聲，下同。雨乎？雨者爲雲乎？孰隆施弛。是？孰居無事淫樂洛。而勸是？風起北方，一西一東，有上上聲。彷徨，孰噓吸是？孰居無事而披拂是？敢問何故？」巫咸祒超。曰：「來，吾語去聲。女：汝，下同。天有六極五常，帝王順之則治，逆之則凶。九洛之事，治成德備，監照下土，天下戴之，此謂上皇。」

至治無爲。

商大泰，下同。宰蕩問仁於莊子，莊子曰：「虎狼，仁也。」曰：「何謂也？」莊子曰：「父子相親，何爲不仁？」曰：「請問至仁。」莊子曰：「至仁無親。」大宰曰：「蕩聞之：無親則不愛，不愛則不孝。謂至仁不孝，可乎？」莊子曰：「不然。夫扶，下同。至仁尚矣，孝固不足以言之。此非過孝之言也，不及孝之言也。夫南行者至於郢，北面而不見冥山，是何也？則去之遠也。故曰：以敬孝易，異，下同。以愛

虎狼至惡，仁性亦存。

謂孝難比仁者，非謂真能過孝，謂襲孝之迹而不及於孝者耳，言去孝道遠也。

至仁無恩。

孝難；以愛孝易，而忘親難；忘親易，使親忘我難；使親忘我易，兼忘天下難；兼忘天下易，使天下兼忘我難。夫德遺堯舜而不爲也，利澤施於萬世，天下莫知也，豈直太息而言仁孝乎哉？夫孝悌仁義，忠信貞廉，此皆自勉以役其德者也，不足多也。故曰：至貴，國爵并焉；至富，國財并焉；至願，名譽并焉。是以道不渝。」

北門成問於黄帝曰：「帝張《咸池》之樂於洞庭之野，吾始聞之懼，復聞之怠，卒聞之而惑，蕩蕩默默，乃不自得。」帝曰：「女殆其然哉。吾奏之以人，徽之以天，行之以禮義，建之以太清。夫至樂者，先應之以人事，順之以天理，行之以五德，應之以自然，然後調理四時，太和萬物〔二〕。四時迭起，萬物循生。一盛一衰，文武倫經；一清一濁，陰陽調和，流光其聲。蟄蟲始作，吾驚之以雷霆。其卒無尾，其始無首。一死一生，一僨一起，所常無窮，而一不可待。女故懼也。吾又奏之以陰陽之和，燭之以日月之明。其聲能短能長，能柔能剛，變化齊一，不主故常。在谷滿谷，在阬坑。滿阬。塗郤隙。守神，以物爲量。亮。其聲揮綽，其名高明，是故鬼神

至樂無常聲。

自「孔子西遊」而竟，俱設孔老之言，以明自然之化。

守其幽，日月星辰行其紀。吾止之於有窮，流之於無止。子欲慮之而不能知也，望之而不能見也，逐之而不能及也。儻然立於四虛之道，倚於槁梧而吟。目知智。窮乎所欲見，力屈乎所欲逐，吾既不及已夫。形充空虛，乃至委蛇。音萎移，下同。女委蛇，故怠。吾又奏之以無怠之聲，調之以自然之命。故若混逐叢生，林樂而無形，布揮而不曳，幽昏而無聲。動於無方，居於窈冥。或謂之死，或謂之生；或謂之實，或謂之榮。行流散徙，不主常聲。世疑之，稽於聖人。聖也者，達於情而遂於命也。天機不張而五官皆備，此之謂天樂，無言而心説。悦。故有焱必遥反。氏爲之頌曰：『聽之不聞其聲，視之不見其形，充滿天地，苞裹六極。』女欲聽之而無接焉，而故惑也。樂也者，始於懼，懼故祟；吾又次之以怠，怠故遁；卒之於惑，惑故愚。愚故道，道可載而與之俱也。」

孔子西遊於衛，顏淵問師金曰：「以夫子之行爲奚如？」師金曰：「惜乎，而夫子其窮哉。」顏淵曰：「何也？」師金曰：「夫扶。芻狗之未陳也，盛成，下同。以篋衍，巾以文繡，尸祝齋戒以將之。

及其已陳也，行者踐其首脊，蘇者取而爨之而已。將復扶又反。取而盛以篋衍，巾以文繡，游居寢卧其下，彼不得夢，必且數眯音朔米。焉。今而夫子亦取先王已陳芻狗，取弟子游居寢卧其下，故伐樹於宋，削迹於衛，窮於商周，是非其夢邪？圍於陳蔡之間，七日不火食，死生相與鄰，是非其眯耶？夫扶，下同。水行莫如用舟，而陸行莫如用車。以舟之可行於水也，而求推吐回反，下同。之於陸，則没世不行尋常。古今非水陸與？餘，下同。周魯非舟車與？今蘄行周於魯，是猶推舟於陸也。勞而無功，身必有殃。彼未知夫無方之傳，應物而不窮者也。且子獨不見夫桔槔者乎？引之則俯，舍捨，下同。之則仰。彼，人之所引，非引人也，故俯仰而不得罪於人。故夫三皇五帝之禮義法度，不矜於同而矜於治。故譬三皇五帝之禮義法度，其猶柤梨橘柚邪，其味相反而皆可於口。故禮義法度者，應時而變者也。今取猨狙而衣去聲。以周公之服，彼必齕核。齧挽裂，盡去上聲。而後慊。觀古今之異，猶猨狙之異乎周公也。故西施病心而矉顰，下同。其里，其里之醜人見而美之，歸亦捧心而矉

古迹不可襲。

其里。其里之富人見之，堅閉門而不出；貧人見之，挈妻子而去之走。彼知美矉，而不知矉之所以美。惜乎，而夫子其窮哉。」

孔子行年五十有一而不聞道，乃南之沛見老聃。老聃曰：「子來乎？吾聞子，北方之賢者也，子亦得道乎？」孔子曰：「未得也。」老子曰：「子惡烏，下同。乎求之哉？」曰：「吾求之於度數，五年而未得。」老子曰：「子又惡乎求之哉？」曰：「吾求之於陰陽，十有二年而未得。」老子曰：「然。使道而可獻，則人莫不獻之於其君；使道而可進，則人莫不進之於其親；使道而可以告人，則人莫不告其兄弟；使道而可以與人，則人莫不與其子孫。然而不可者，無他也，中無主而不止，外無正而不行。由中出者，不受於外，聖人不出；由外入者，無主於中，聖人不隱。名，公器也，不可多取；仁義，先王之蘧廬也，止可以一宿而不可久處，上聲。覯而多責。古之至人，假道於仁，託宿於義，以遊逍遥之墟，食於苟簡之田，立於不貸之圃。逍遥，無爲也；苟簡，易異。養也；不貸，無出也。古者謂是采真之遊。以富爲是者，不能讓祿；以顯爲是者，

惛惛無識，營營不已。

至道非虛器。

仁義，憒亂之具。

不能讓名；親權者，不能與人柄。操平聲。之則慄，舍之則悲，而一無所鑒，以闚其所不休者，是天之戮民也。怨、恩、取、與、諫、教、生、殺，八者，正之器也，唯循大變無所湮者爲能用之。故曰：正者，正也。其心以爲不然者，天門弗開矣。」

孔子見老聃而語仁義。老聃曰：「夫播穅眯目，則天地四方易位矣；蚊虻噆子盍反。膚，則通昔不寢矣。夫仁義憯慘。然乃憒吾心，亂莫大焉。吾子使天下無失其朴，吾子亦放上聲。風而動，總德而立矣，又奚傑然若負建鼓而求亡子者邪？夫鵠不日浴而白，烏不日黔而黑。黑白之朴，不足以爲辯；名譽之觀，去聲。不足以爲廣。泉涸，魚相與處於陸，相呴吁。以濕，相濡以沫，不若相忘於江湖。」孔子見老聃歸，三日不談。弟子問曰：「夫子見老聃，亦將何規哉？」孔子曰：「吾乃今於是乎見龍，龍合而成體，散而成章，乘乎雲氣而養乎陰陽。予口張而不能嗋。脅。予又何規老聃哉？」子貢曰：「然則人固有尸居而龍見，現。雷聲而淵默，發動如天地者乎？賜亦可得而觀乎？」遂以孔子聲見老聃。老聃方將倨堂而

有爲之治喪真。

應，微曰：「予年運而往矣，子將何以戒我乎？」子貢曰：「夫三王五帝之治天下不同，其係聲名一也。而先生獨以爲非聖人，如何哉？」老聃曰：「小子少進，子何以謂不同？」對曰：「堯授舜，舜授禹，禹用力而湯用兵，文王順紂而不敢逆，武王逆紂而不肯順，故曰不同。」老聃曰：「小子少進，余語女三王五帝之治天下：黄帝之治天下，使民心一。民有其親死不哭，而民不非也。堯之治天下，使民心親。民有爲去聲。其親殺色界反，下同。其殺，而民不非也。舜之治天下，使民心競，民孕婦十月生子，子生五月而能言，不至乎孩而始誰，則人始有夭矣。禹之治天下，使民心變，人有心而兵有順，殺盜非殺，人自爲種上聲。而天下耳，是以天下大駭，儒墨皆起。其作始有倫，而今乎婦女，何言哉？余語女：三皇五帝之治天下，名曰治之，而亂莫甚焉。三皇之知，智，下同。上悖日月之明，下睽山川之精，中墮隳。四時之施。去聲。其知憯於蠇厲。蠆勅邁反。之尾，鮮規之獸。莫得安其性命之情者，而猶自以爲聖人，不可耻乎？其無耻也。」子貢蹵蹵然立不安。

化順其自然，泯形迹也。

孔子謂老聃曰：「丘治《詩》、《書》、《禮》、《樂》、《易》、《春秋》六經，自以爲久矣，孰知其故矣；以奸干。者七十二君，論先王之道而明周召邵。之迹，一君無所鉤用。甚矣夫，人之難説稅。也，道之難明耶。」老子曰：「幸矣，子之不遇治世之君也。夫六經，先王之陳迹也，豈其所以迹哉？今子之所言，猶迹也。夫迹，履之所出，而迹豈履哉？夫白鶂鷁。之相視，眸子不運而風化；蟲，雄鳴於上風，雌應於下風而化。類自爲雌雄，故風化；性不可易，命不可變，時不可止，道不可壅。苟得於道，無自而不可。失焉者，無自而可。」孔子不出三月，復扶又反。見曰：「丘得之矣。烏鵲孺，魚傅附。沫。細要腰。者化，有弟而兄啼。久矣，夫丘不與化爲人。不與化爲人，安能化人？」老子曰：「可。丘得之矣。」

校勘記

〔一〕「夫至樂者」至「太和萬物」，此段世德堂本爲正文，《道藏》本爲成玄英疏文，《經典釋文》無相關音義。

南華真經題評卷之六

洪陽張位

外篇

刻意第十五　通篇。

刻意尚行，去聲。離去聲。世異俗，高論去聲。怨誹，爲亢而已矣，此山谷之士，非世之人，枯槁赴淵者之所好去聲，下同。也。語仁義忠信，恭儉推吐雷反。讓，爲修而已矣，此平世之士，教誨之人，遊居學者之所好也。語大功，立大名，禮君臣，正上下，爲治而已矣，此朝潮。廷之士，尊主強國之人，致功并去聲。兼者之所好也。就藪澤，處上聲，下同。閒曠，釣魚閒處，無爲而已矣，此江海之士，避世之人，閒暇者之所好也。吹呴呼吸，吐故納新，熊經鳥申，爲壽而已矣，此導引之士，養形之人，彭祖壽考者之所好也。若夫扶，下同。不刻意而高，無仁義而修，無功名而治，無江海而閒，不導引而壽，無不忘也，無不有也，淡然無極而衆美從之。此天地之道，聖人之德也。故曰：夫恬淡寂漠，虚無無爲，此天地之平而道德之質也。故曰：聖人休休焉，則平易異，下同。矣。平易則恬惔矣。平易恬淡，則憂患不能入，邪氣不能襲，故其德全而神不虧。故曰：聖人之生也天行，其死也物化。静而與陰同德，動而與陽同波。不爲福先，不爲禍始。感而後應，迫而後動，不得已而後起。去上聲。知與故，循天之理。故無天災，無物累，無人非，無鬼責。其生若浮，其死若休。不思慮，不豫謀。光矣而不耀，信矣而不期。其寢不夢，其覺教。無憂。其神純粹，其魂不罷。皮。虚無恬惔，乃合天德。故曰：悲樂洛，下同。者，德之邪；喜怒者，道之過；好惡並去聲。者，德之失。故心不憂樂，德之至也；一而不變，静之至也；無所於忤，悟。虚之至也；不與物交，澹之至也；無所於逆，粹之至也。故曰：形勞而不休則弊，精用而不已則勞，勞則竭。水之性，不雜則清，莫動則平，鬱閉而不流，亦不能清，天德之象也。故曰：純粹而不雜，静一而不變，澹而無爲，動而以天行，此養神之道也。夫有干越之劍者，柙而藏之，不敢用也，寶之至也。精神四達並流，無所不極，上際於天，下蟠於地，化育萬物，不可爲象，其名爲同帝。純素之道，唯神是守。守而勿失，與神爲一。一之精通，合于天倫。野語有之曰：「衆人重利，廉士重名，賢士尚志，聖人貴精。」故素也者，謂其無所與雜也；純也者，謂其不虧其神也。能體純素，謂之真人。

繕性第十六 通篇。

繕性於俗俗疑衍。學，以求復其初；滑汩。欲於俗思，以求致其明。謂之蔽蒙之民。古之治道者，以恬養知。智。生而無以知如字。爲也，謂之以知智，下同。養恬。知與恬交相養，而和理出其性。夫扶，下同。德，和也；道，理也；德無不容，仁也；道無不理，義也；義明而物親，忠也；中純實而反乎情，樂也；信行容體而順乎文，禮也。禮樂徧行，則天下亂矣。彼正而蒙己德，德則不冒，冒則物必失其性也。古之人，在混芒之中，與一世而得澹漠焉。當是時也，陰陽和靜，鬼神不擾，四時得節，萬物不傷，群生不夭，人雖有知，無所用之，此之謂至一。當是時也，莫之爲而常自然。

逮德下衰，及燧人、伏戲始爲天下，是故順而不一。德又下衰，及神農、黄帝始爲天下，是故安而不順。德又下衰，及唐虞始爲天下，興治化之流，澆澆。醇散朴，離道以善，險德以行，然後去性而從於心。心與心識知而不足以定天下，然後附之以文，益之

恬知交養與止觀定慧相類，孔云習樂亦同。

率性爲道，盡性爲聖，若去性從心，展轉情識，斯醇朴道德漓矣。

以博。文滅質，博溺心，然後民始惑亂，無以反其性情而復其初。由是觀之，世喪去聲，下同。道矣，道喪世矣，世與道交相喪也。道之人何由興乎世，世亦何由興乎道哉？道無以興乎世，世無以興乎道，雖聖人不在山林之中，其德隱矣。隱，故不自隱。古之所謂隱士者，非伏其身而弗見現。也，非閉其言而不出也，非藏其知而不發也，時命大謬也。當時命而大行乎天下，則反一無迹；不當時命而大窮乎天下，則深根寧極而待。此存身之道也。古之行身者，不以辯飾知，不以知窮天下，不以知窮德，危然處上聲。其所而反其性已，又何爲哉？道固不小行，德固不小識。小識傷德，小行傷道。故曰：正己而已矣。樂洛，下同。全之謂得志。古之所謂得志者，非軒冕之謂也，謂其無以益其樂而已矣。今之所謂得志者，軒冕之謂也。軒冕在身，非性命也，物之儻來，寄也。寄之，其來不可圉，其去不可止。故不爲軒冕肆志，不爲窮約趨俗，其樂彼與此同，故無憂而已矣。今寄去則不樂。由是觀之，雖樂，未嘗不荒也。故曰：喪己於物，失性於俗者，謂之倒置之民。

當世道交喪之時，聖人必保身隱遁，雖不在山林之中，而吏隱人間，其德亦不顯也。

用舍皆退藏，是爲存身。又明行中有藏之道。

不離乎正。

士人得失係念，只是軒冕爲累。

秋水第十七

秋水時至，百川灌河，涇流之大，兩涘俟。渚崖之間，不辨牛馬。於是焉河伯欣然自喜，以天下之美爲盡在己。順流而東行，至於北海，東面而視，不見水端。於是焉河伯始旋其面目，望洋向若而歎曰：「野語有之曰：『聞道百，以爲莫己若者。』我之謂也。且夫我嘗聞少仲尼之聞而輕伯夷之義者，始吾弗信。今我睹扶，下同。子之難窮也，吾非至於子之門則殆矣，吾長見笑於大方之家。」北海若曰：「井鼃不可以語於海者，拘於虚也；夏蟲不可以語於冰者，篤於時也；曲士不可以語於道者，束於教也。今爾出於崖涘，觀於大海，乃知爾醜，爾將可與語大理矣。天下之水，莫大於海：萬川歸之，不知何時止而不盈；尾閭泄之，不知何時已而不虚；春秋不變，水旱不知。此其過江河之流，不可爲量數。而吾未嘗以此自多者，自以比形於天地，而受氣於陰陽，吾在於天地之間，猶小石小木之在大山也。方存乎見少，又奚以自多？計四海之在天地之間也，不似礨空音礨孔。之在大澤乎？計中國之在海内，不似稊米之在太倉乎？號物之數謂之萬，人處上聲。一焉；人卒九州，穀食之所生，舟車之所通，人處一焉。此其比萬物也，不似豪末之在於馬體乎？五帝之所連，三王之所爭，仁人之所憂，任士之所勞，盡此矣。伯夷辭之以爲名，仲尼語之以爲博。此其自多也，不似爾向之自多於水乎？」河伯曰：「然則吾大天地而小豪末，可乎？」北海若曰：「否。夫物，量無窮，時無止，分去聲，下同。無常，終始無故。是故大知智。觀於遠近，故小而不寡，大而不多，知如字，下同。量無窮；證曏今故，故遥而不悶，掇而不跂，知時無止；察乎盈虛，故得而不喜，失而不憂，知分之無常也；明乎坦塗，故生而不悦，死而不禍，知終始之不可故也。計人之所知，不若其所不知；其生之時，不若未生之時。以其至小，求窮其至大之域，是故迷亂而不能自得也。由此觀之，又何以知豪末之足以定至細之倪，又何以知天地之足以窮至大之域？」河伯曰：「世之議者皆曰：『至精無形，至大不可圍。』是信情乎？」北海若曰：「夫自細視大者不盡，自大視細者不明。夫精，小之微也；垺，孚。大之殷也。故異便。此勢之有也。夫精粗者，期於有形者也；無形者，數之所不能分也；不可圍者，數之所不能窮也。可以言論者，物之粗也；可以意致者，物之精也；言之所不能論，意之所不能察致者，不期精粗焉。是故大人之行，去聲，下同。不出乎害人，不多仁恩；動不爲去聲。利，不賤門隸；貨財弗爭，不多辭讓；事焉不借人，不多食乎力，不賤貪汙；行殊乎俗，不多辟異；爲在從衆，不賤佞諂；世之爵祿不足以爲勸，戮耻不足以爲辱；知是非之不可爲分，細大之不可爲倪。聞曰：『道人不聞，至德不得，大人無己。』約分之至也。」河伯曰：「若物之外，若物之内，惡烏，下同。至而倪貴賤？惡至而倪小大？」北海若曰：「以道觀之，物無貴賤；以物觀之，自貴而相賤；以俗觀之，貴賤不在己。以差楚宜反，下同。觀之，因其所大而大之，則萬物莫不大；因其所小而小之，則萬物莫不小。知天地之爲稊米也，知豪末之爲丘山也，則差數覩矣。以功觀之，因其所有而有之，則萬物莫不有；因其所無而無之，則萬物莫不無。知東西之相反而不可以相無，則功分定矣。以趣觀之，因其所然而然之，則萬物莫不然；因其所非而非之，則萬物莫不非。知堯桀之自然而相非，則趣操覩矣。昔者堯舜讓而帝，之噲讓而絶；湯武爭而王，白公爭而滅。由此觀之，爭讓之禮，堯桀之行，貴賤有時，未可以爲常也。梁麗可以衝城，而不可以窒穴，言殊器也；騏驥驊騮，一日而馳千里，捕鼠不如狸狌，言殊技也；鴟鵂夜撮蚤，察豪末，晝出瞋嗔。目而不見丘山，言殊性也。故曰：蓋師是而無非，師治而無亂乎？是未明天地之理、萬物之情者也。是猶師天而無地，師陰而無陽，其不可行明矣。然且語而不舍，捨，下同。非愚則誣也。帝王殊禪，去聲。三代殊繼。差其時，逆其俗者，謂之篡夫；當其時，順其俗者，謂之義之徒。默默乎河伯，汝惡知貴賤之門，小大之家？」河伯曰：「然則我何爲乎？何不爲乎？吾辭受趣舍，吾終柰何？」北海若曰：「以道觀之，何貴何賤，是謂反衍。無拘而志，與道大蹇。何少何多，是謂謝施。無一而行，與道參楚林反。差。楚宜反。嚴乎若國之有君，其無私德；

理論。

北海若論大通之理。

繇繇乎若祭之有社，其無私福；汎汎乎其若四方之無窮，其無所畛域。兼懷萬物，其孰承翼？是謂無方。萬物一齊，孰短孰長？道無終始，物有死生，不恃其成。一虛一滿，不位乎其形。年不可舉，時不可止。消息盈虛，終則有始。是所以語大義之方，論萬物之理也。物之生也，若驟若馳，無動而不變，無時而不移。何爲乎？何不爲乎？夫固將自化。」河伯曰：「然則何貴於道耶？」北海若曰：「知道者必達於理，達於理者必明於權，明於權者不以物害己。至德者，火弗能熱，水弗能溺，寒暑弗能害，禽獸弗能賊。非謂其薄之也，言察乎安危，寧於禍福，謹於去就，莫之能害也。故曰：天在內，人在外，德在乎天。知天人之行，本乎天，位乎得。蹢躅音躑躅。而屈伸，反要而語極。」曰：「何謂天？何謂人？」北海若曰：「牛馬四足，是謂天；落馬首，穿牛鼻，是謂人。故曰：無以人滅天，無以故滅命，無以得殉名。謹守而勿失，是謂反其真。」

夔憐蚿，賢。蚿憐蛇，蛇憐風，風憐目，目憐心。夔謂蚿曰：「吾以一足趻敇甚反。踔卓。而行，予無如矣。今子之使萬足，獨奈

風尚有待於行，目則舉睫千里矣。然物有所隔，視有所蔽焉，心則俯仰之間，再撫四海之外也。大勝之力。

聖人達命之事。

何？」蚿曰：「不然。子不見夫唾者乎？噴則大者如珠，小者如霧，雜而下者不可勝升。數上聲。也。今予動吾天機，而不知其所以然。」蚿謂蛇曰：「吾以衆足行，而不及子之無足，何也？」蛇曰：「夫天機之所動，何可易耶？吾安用足哉？」蛇謂風曰：「予動吾脊脅而行，則有似也。今子蓬蓬然起於北海，蓬蓬然入於南海，而似無有，何也？」風曰：「然。予蓬蓬然起於北海而入於南海也，然而指我則勝我，鰌秋。我亦勝我。雖然，夫折大木，蜚大屋者，唯我能也。故以衆小不勝爲大勝也。爲大勝者，唯聖人能之。」

孔子遊於匡，宋人圍之數匝，而弦歌不輟。子路入見，曰：「何夫子之娛也？」孔子曰：「來，吾語汝：我諱窮久矣，而不免，命也；求通久矣，而不得，時也。當堯舜而天下無窮人，非知得也；當桀紂而天下無通人，非知失也。時勢適然。夫水行不避蛟龍者，漁父之勇也；陸行不避兕虎者，獵夫之勇也；白刃交於前，視死若生者，烈士之勇也；知窮之有命，知通之有時，臨大難去聲。而不懼者，聖人之勇也。由，處矣，吾命有所制矣。」無幾何，將甲者進，辭曰：「以爲陽虎也，故圍之。今非也，請辭而退。」

公孫龍問於魏牟曰：「龍少去聲。學先王之道，長上聲。而明仁義之行；合同異，離堅白；然不然，可不可；困百家之知，窮衆口之辯；吾自以爲至達已。今吾聞莊子之言，汒茫。焉異之。不知論之不及與？餘，下同。知之弗若與？今吾無所開吾喙，敢問其方。」公子牟隱去聲。机大息，仰天而笑曰：「子獨不聞夫埳坎，下同。井之鼃乎？謂東海之鱉曰：『吾樂洛，下同。與。吾跳梁乎井幹之上，入休乎缺甃之崖。赴水則接腋持頤，蹶泥則没足滅跗。還旋。虷寒。蠏與科斗，莫吾能若也。且夫擅一壑之水，而跨跱埳井之樂，此亦至矣。夫子奚不時來入觀乎？』東海之鱉左足未入，而右膝已縶矣。於是逡巡而卻，告之海曰：『夫千里之遠，不足以舉其大；千仞之高，不足以極其深。禹之時，十年九潦，而水弗爲加益；湯之時，八年七旱，而崖不爲加損。夫不爲頃久推移，不以多少進退者，此亦東海之大樂也。』於是埳井之鼃聞之，適適然驚，規規然自失也。且夫知不知是非之境，而猶欲觀於莊子之言，是猶使蚉負山，商蚷渠。馳河也，必不勝任矣。且夫知不知論極妙之言，而自適一時之利者，是非埳井之鼃與？且彼方跐黄泉而登大皇，無南無北，奭然四解，淪於不測；無東無西，始於玄冥，反於大通。子乃規規然而求之以察，索所白反。之以辯，是直用管闚天，用錐指地也，不亦小乎？子往矣。且子獨不聞夫壽陵餘子之學行於邯鄲與？未得國能，又失其故行矣，直匍匐而歸耳。今子不去，將忘子之故，失子之業。」公孫龍口呿巨劫反。而不合，舌舉而不下，乃逸而走。

至言之廣大。

莊子釣於濮水。楚王使大夫二人往先焉，曰：「願以境内累矣。」莊子持竿不顧，曰：「吾聞楚有神龜，死已三千歲矣，王巾笥而藏之廟堂之上。此龜者，寧其死爲留骨而貴乎？寧其生而曳尾於塗中乎？」二大夫曰：「寧生而曳尾於塗中。」莊子曰：「往矣，吾將曳尾於塗中。」

遺榮全生。

惠子相去聲，下同。梁，莊子往見之。或謂惠子曰：「莊子來，欲代子相。」於是惠子恐，搜於國中三日三夜。莊子往見之，曰：「南方有鳥，其名鵷鶵，子知之乎？夫鵷鶵，發於南海而飛於北海，非

智量相越。

心知原通，人與物同，我與人同。形骸雖異，彼此何殊。

梧桐不止，非練實不食，非醴泉不飲。於是鴟得腐鼠，鵷鶵過之，仰而視之曰：『嚇。』今子欲以子之梁國而嚇我耶？」

莊子與惠子遊於濠梁之上。莊子曰：「儵條。魚出游從七容反。容，是魚樂也。」惠子曰：「子非魚，安知魚之樂？」莊子曰：「子非我，安知我不知魚之樂？」惠子曰：「我非子，固不知子矣；子固非魚也，子之不知魚之樂，全矣。」莊子曰：「請循其本。子曰『汝安知魚樂』云者，既已知吾知之而問我，我知之濠上也。」

虚虚提起，有這箇道理否？這箇功夫如何做？

富不如貧。
貴不如賤。
生不如死。
善且不可爲。

至樂第十八 專言至樂之理。

天下有至樂洛，下同。無有哉？有可以活身者無有哉？今奚爲奚據？奚避奚處？上聲。奚就奚去？奚樂奚惡？去聲。夫扶，下同。天下之所尊者，富貴壽善也；所樂者，身安厚味美服好色音聲也；所下者，貧賤夭惡也；所苦者，身不得安逸，口不得厚味，形不得美服，目不得好色，耳不得音聲。若不得者，則大憂以懼，其爲形也亦愚哉。夫富者，苦身疾作，多積財而不得盡用，其爲形也亦外矣；夫貴者，夜以繼日，思慮善否，其爲形也亦疏矣。人之生也，與憂俱生。壽者惛惛，久憂不死，何之苦也。其爲形也亦遠矣。烈士爲天下見善矣，未足以活身。吾未知善之誠善耶？誠不善邪？若以爲善矣，不足活身；以爲不善矣，足以活人。故曰：忠諫不聽，蹲循勿爭。故夫子胥爭之，以殘其形，不爭，名亦不成。誠有善無有哉？今俗之所爲與其所樂，吾又未知樂之果樂耶？果不樂耶？吾觀夫俗之所樂，舉群趣者，誙誙然如將不得已，而皆曰樂者，吾未之樂也，亦未之不樂也。果有樂無有哉？吾以無爲誠樂矣，又俗之所大苦也。

苦中作樂，殊不爲樂。

故曰：至樂無樂，至譽無譽。天下是非果未可定也。雖然，無爲可以定是非。至樂活身，唯無爲幾機。存。

指出真樂只在無爲。

請嘗試言之：天無爲以之清，地無爲以之寧。故兩無爲相合，萬物皆化。芒乎芴忽，下同。乎，而無從出乎；芴乎芒乎，而無有象乎。萬物職職，皆從無爲殖。故曰：天地無爲也而無不爲也，人也孰能得無爲哉？

無爲大旨。

以上論至樂在無爲。

莊子妻死，惠子弔之，莊子則方箕踞鼓盆而歌。惠子曰：「與人居，長上聲。子老身，死不哭亦足矣，又鼓盆而歌，不亦甚乎？」莊子曰：「不然。是其始死也，我獨何能無概然？察其始而本無生，非徒無生也而本無形，非徒無形也而本無氣。雜乎芒芴之間，變而有氣，氣變而有形，形變而有生，今又變而之死，是相與爲春秋冬夏四時行也。人且偃然寢於巨室，而我噭噭古弔反。然隨而哭之，自以爲不通乎命，故止也。」

以上論死不足哀。

支離叔與滑骨。介叔觀於冥伯之丘，崑崙之虛，黃帝之所休。

以上論生不足戀。

俄而柳生其左肘，其意蹷蹷紀衛反。然惡去聲，下同。之。支離叔曰：「子惡之乎？」滑介叔曰：「亡，予何惡？生者，假借也；假之而生生者，塵垢也。死生爲晝夜。且吾與子觀化而化及我，我又何惡焉？」

以上論生不如死。以上三段皆論生死不足係戀。若歌若不惡若南面王，皆暗指至樂也。

莊子之楚，見空髑髏，音獨樓。髐許堯反。然有形，撽若弔反。以馬捶，因而問之，曰：「夫子貪生失理，而爲此乎？將子有亡國之事，斧鉞之誅，而爲此乎？將子有不善之行，去聲。愧遺父母妻子之醜，而爲此乎？將子有凍餒之患，而爲此乎？將子之春秋故及此乎？」於是語卒，援髑髏，枕去聲。而卧。夜半，髑髏見現。夢曰：「子之談者似辯士。諸子所言，皆生人之累也，死則無此矣。子欲聞死之説乎？」莊子曰：「然。」髑髏曰：「死，無君於上，無臣於下，亦無四時之事，從七容反。然以天地爲春秋，雖南面王樂，不能過也。」莊子不信，曰：「吾使司命復生子形，爲子骨肉肌膚，反子父母、妻子、閭里、知識，子欲之乎？」髑髏深矉蹙頞曰：「吾安能棄南面王樂而復扶又反。爲人間之勞乎？」

顔淵東之齊，孔子有憂色。子貢下席而問曰：「小子敢問：回東之齊，夫子有憂色，何邪？」孔子曰：「善哉汝問。昔者管子有言，丘甚善之，曰：『褚小者不可以懷大，綆短者不可以汲深。』夫若是者，以爲命有所成而形有所適也，夫不可損益。吾恐回與齊侯言堯、舜、黄帝之道，而重以燧人、神農之言。彼將内求於己而不得，不得則惑，人惑則死。且汝獨不聞耶？昔者海鳥止於魯郊，魯侯御迓。而觴之於廟，奏《九韶》以爲樂，具太牢以爲膳。鳥乃眩視憂悲，不敢食一臠，里轉反。不敢飲一杯，三日而死。此以己養養鳥也，非以鳥養養鳥也。夫以鳥養養鳥者，宜棲之深林，遊之壇陸，浮之江湖，食嗣。之鰌鰷，音秋條。隨行杭。列而止，委蛇音萎移。而處。彼唯人言之惡聞，奚以夫譊譊爲乎？《咸池》、《九韶》之樂，張之洞庭之野，鳥聞之而飛，獸聞之而走，魚聞之而下入，人卒聞之，相與還而觀之。魚處水而生，人處水而死，彼必相與異，其好惡故異也。故先聖不一其能，不同其事。名止於實，義設於適，是之謂條達而福持。」

以上論生命以適養爲宜。

攓蓬，拾道旁之株也。

若果養、予果歡，猶這還是你好還是我好之意。

以上論一氣變化、非死非生。

列子行，食於道，從見百歲髑髏，攓蹇。蓬而指之曰：「唯予與汝知而未嘗死，未嘗生也。若果養乎？予果歡乎？」種上聲。有幾，得水則爲㡭，繼。得水土之際則爲鼃蠙之衣，生於陵屯則爲陵舄，陵舄得鬱棲則爲烏足，烏足之根爲蠐螬，其葉爲胡蝶。胡蝶胥也化而爲蟲，生於竈下，其狀若脱，其名爲鴝劬。掇。鴝掇千日爲鳥，其名爲乾干。餘骨。乾餘骨之沫爲斯彌，斯彌爲食醯。頤輅生乎食醯，黃軦況。生乎九猷，瞀莫豆反。芮生乎腐蠸。權、歡二音。羊奚比乎不箰，筍。久竹生青寧。青寧生程，程生馬，馬生人，人又反入於機。萬物皆出於機，皆入於機。人若打破得生死關，看透化機流轉之處，則欛柄在我，來去自由，視世俗瑣瑣之樂，須臾之榮，真何足道，又安往而不自得耶？大雄氏輪回六道之説，胎卵化濕，俱從此出。

南華真經題評卷之七

洪陽張位

外篇

達生第十九

達生之情者，不務生之所無以爲；達命之情者，不務知之所無柰何。養形必先之物，物有餘而形不養者有之矣；有生必先無離去聲，下同。形，形不離而生亡者有之矣。生之來不能卻，其去不能止。悲夫，扶，下同。世之人以爲養形足以存生，而養形果不足以存生，則世奚足爲哉？雖不足爲而不可不爲者，其爲不免矣。夫欲免爲形者，莫如棄世。棄世則無累，無累則正平，正平則與彼更庚，下同。生，更生則幾機，下同。矣。事奚足棄而生奚足遺？棄事則形不勞，遺生則精不虧。夫形全精復，與天爲一。天地者，萬物之父母也。合則成體，散則成始。形精不虧，是謂能移。精而又精，

與《養生主》篇相發。

能棄世，奚但棄事遺生而已。

養生在棄世、棄事、遺生。

天爲自然，人有知欲，開人是鑿竅渾沌死。守氣全神，平情合天，此保生之要也。

反以相去聲。天。

子列子問關尹曰：「至人潛行不窒，蹈火不熱，行乎萬物之上而不慄。請問何以至於此？」關尹曰：「是純氣之守也，非知智。巧果敢之列。居，予語去聲。汝。凡有貌象聲色者，皆物也。物與物何以相遠？去聲。夫奚足以至乎先？是色而已。則物之造乎不形而止乎無所化。夫得是而窮之者，物焉烟。得而止焉？彼將處上聲。乎不淫之度，而藏乎無端之紀，遊乎萬物之所終始。壹其性，養其氣，合其德，以通乎物之所造。夫若是者，其天守全，其神無郤，隙。物奚自入焉？夫醉者之墜車，雖疾不死。骨節與人同而犯害與人異，其神全也。乘亦不知也，墜亦不知也，死生驚懼不入乎其胸中，是故遻悟。物而不慴。摺。彼得全於酒而猶若是，而況得全於天乎？聖人藏於天，故莫之能傷也。復讎者，不折鏌干；雖有忮心者，不怨飄瓦。是以天下平均，故無攻戰之亂，無殺戮之刑者，由此道也。不開人之天，而開天之天。開天者德生，開人者賊生。不厭其天，不忽於人，民幾乎以其真。」

又要志專。

又要能忘。

仲尼適楚，出於林中，見痀傴。僂縷。者承蜩，猶掇之也。仲尼曰：「子巧乎，有道邪？」曰：「我有道也。五六月累上聲，下同。丸二而不墜，則失者錙銖；累三而不墜，則失者十一；累五而不墜，猶掇之也。吾處上聲。身也，若橛掘。株拘；吾執臂也，若槁木之枝。雖天地之大，萬物之多，而唯蜩翼之知。吾不反不側，不以萬物易蜩之翼，何爲而不得？」孔子顧謂弟子曰：「用志不分，乃凝古本作疑。於神，其痀僂丈人之謂乎。」

顏淵問仲尼曰：「吾嘗濟乎觴深之淵，津人操平聲，下同。舟若神。吾問焉，曰：『操舟可學邪？』曰：『可。善游者數朔，下同。能。若乃夫没人，則未嘗見舟而便操之也。』吾問焉而不吾告，敢問何謂也？」仲尼曰：「善游者數能，忘水也。若乃夫没人之未嘗見舟而便操之也，彼視淵若陵，視舟之覆猶其車卻也。覆卻萬方陳乎前而不得入其舍，惡烏。往而不暇？以瓦注者巧，以鉤注者憚，以黃金注者殙。昏。其巧一也，而有所矜，則重外也。凡外重者内拙。」

失養之道。

玩眼前之戒。

忽求生之道。

田開之見周威公。威公曰：「吾聞祝腎賑。學生。吾子與祝腎遊，亦何聞焉？」田開之曰：「開之操拔篲以侍門庭，亦何聞於夫子？」威公曰：「田子無讓，寡人願聞之。」開之曰：「聞之夫子曰：『善養生者，若牧羊然，視其後者而鞭之。』」威公曰：「何謂也？」田開之曰：「魯有單豹者，巖居而水飲，不與民共利，行年七十而猶有嬰兒之色，不幸遇餓虎，餓虎殺而食之；有張毅者，高門縣玄。薄，無不走也，行年四十，而有内熱之病以死。豹養其内而虎食其外，毅養其外而病攻其内，此二子者，皆不鞭其後者也。」仲尼曰：「無入而藏，無出而陽，柴立其中央。三者若得，其名必極。夫畏塗者，十殺一人，則父子兄弟相戒也，必盛卒徒而後敢出焉，不亦知智。乎？人之所取畏者，衽席之上，飲食之間，而不知爲之戒者，過也。」祝宗人玄端以臨牢筴，策。説稅。彘，曰：「汝奚惡去聲。死？吾將三月豢患。汝，十日戒，三日齊，齋。藉白茅，加汝肩尻苦羔反。乎彫俎之上，則汝爲之乎？」爲去聲。彘謀，曰不如食嗣。以糠糟而錯措。之牢筴之中；自爲謀，則苟生有軒冕之尊，死得於腞

疑能害生。

篹。栖之上、聚僂之中則爲之。爲去聲。彘謀則去上聲。之，自爲謀則取之，所異彘者何也？

桓公田於澤，管仲御，見鬼焉。公撫管仲之手曰：「仲父何見？」對曰：「臣無所見。」公反，誒熙。詒怡。爲病，數日不出。齊士有皇子告敖者，曰：「公則自傷，鬼惡烏。能傷公？夫忿滀畜。之氣，散而不反，則爲不足；上上聲，下同。而不下，則使人善怒；下而不上，則使人善忘；不上不下，中身當心，則爲病。」桓公曰：「然則有鬼乎？」曰：「有。沈有履，竈有髻。詰。户内之煩壤，雷霆處上聲，下同。之；東北方之下者，倍裴。阿鮭蛙、鞋二音。蠪聾。躍之；西北方之下者，則泆逸。陽處之。水有罔象，丘有峷，一本作莘。山有夔，野有方皇，音傍徨。澤有委蛇。」公曰：「請問委蛇之狀何如？」皇子曰：「委蛇，其大如轂，其長如轅，紫衣而朱冠。其爲物也，惡去聲。聞雷車之聲，則捧其首而立。見之者，殆乎霸。」桓公囅軫。然而笑曰：「此寡人之所見者也。」於是正衣冠，與之坐，不終日，而不知病之去也。

全德在斂。

順性命之自然。

紀渻省。子爲去聲。王養鬭雞。十日而問：「雞已乎？」曰：「未也，方虛憍驕。而恃氣。」十日又問，曰：「未也，猶應嚮景。」十日又問，曰：「未也，猶疾視而盛氣。」十日又問，曰：「幾矣，雞雖有鳴者，已無變矣。望之似木雞矣，其德全矣。異雞無敢應者，反走矣。」

孔子觀於呂梁，縣玄。水三十仞，流沫四十里，黿鼉魚鼈之所不能游也。見一丈夫游之，以爲有苦而欲死也，使弟子並傍。流而拯之。數百步而出，被髮行歌而游於塘下。孔子從而問焉，曰：「吾以子爲鬼，察子則人也。請問蹈水有道乎？」曰：「亡，吾無道。吾始乎故，長上聲，下同。乎性，成乎命。與齊俱入，與汩偕出，從水之道而不爲私焉。此吾所以蹈之也。」孔子曰：「何謂始乎故，長乎性，成乎命？」曰：「吾生於陵而安於陵，故也；長於水而安於水，性也；不知吾所以然而然，命也。」

梓慶削木爲鐻，據。鐻成，見者驚猶鬼神。魯侯見而問焉，曰：「子何術以爲焉？」對曰：「臣工人，何術之有？雖然，有一焉。臣將爲鐻，未嘗敢以耗氣也，必齊齋，下同。以靜心。齊三日，而不敢懷慶賞爵祿；齊五日，不敢懷非譽餘。巧拙；齊七日，輒然忘吾有四枝形體也。當是時也，無公朝，潮。其巧專而外滑骨。消。然後入山林，觀天性，形軀至矣，然後成見現，下同。鐻，然後加手焉。不然，則已。則以天合天，器之所以疑神者，其是與？」餘。

成器自然。

東野稷以御見莊公，進退中去聲，下同。繩，左右旋中規。莊公以爲文弗過也，使之鉤百而反。顏闔遇之，入見曰：「稷之馬將敗。」公密而不應。少焉，果敗而反。公曰：「子何以知之？」曰：「其馬力竭矣，而猶求焉，故曰敗。」工倕垂。旋而蓋規矩，指與造化而不以心稽，故其靈臺一而不桎。忘足，屨之適也；忘要，腰。帶之適也；知忘是非，心之適也；不內變，不外從，事會之適也；始乎適而未嘗不適者，忘適之適也。

弄巧力。

一而不桎最難，是化境也。

不在巧力而在順適。

有孫休者，踵門而詫子扁慶子曰：「休居鄉不見謂不修，臨難去聲。不見謂不勇。然而田原不遇歲，事君不遇世，賓擯。於鄉里，逐於州部，則胡罪乎天哉？休惡烏，下同。遇此命也？」扁子曰：

「子獨不聞夫扶，下同。至人之自行邪？忘其肝膽，遺其耳目，芒然彷徨乎塵垢之外，逍遥乎無事之業，是謂『爲而不恃，長而不宰』。今汝飾知智。以驚愚，修身以明汙，昭昭乎若揭日月而行也。汝得全而形軀，具而九竅，無中道夭於聾盲跛蹇而比於人數，亦幸矣，又何暇乎天之怨哉？子往矣。」孫子出，扁子入。坐有間，仰天而歎。弟子問曰：「先生何爲歎乎？」扁子曰：「向者休來，吾告之以至人之德，吾恐其驚而遂至於惑也。」弟子曰：「不然。孫子之所言是邪，先生之所言非邪，非固不能惑是；孫子所言非邪，先生所言是邪，彼固惑而來矣，又奚罪焉？」扁子曰：「不然。昔者有鳥止於魯郊，魯君説悦。之，爲去聲。具大泰。牢以饗之，奏《九韶》以樂洛，下同。之，鳥乃始憂悲眩視，不敢飲食。此之謂以己養養鳥也。若夫以鳥養養鳥者，宜棲之深林，浮之江湖，食嗣。之以委蛇，音萎移。則平陸而已矣。今休，款啓寡聞之民也，吾告以至人之德，譬之若載鼷以車馬，樂鴳晏。以鐘鼓也。彼又惡能無驚乎哉？」

至人之德。

至言驚世。

山木第二十 此篇當與《人間世》並看。

莊子行於山中，見大木，枝葉盛茂，伐木者止其旁而不取也。問其故，曰：「無所可用。」莊子曰：「此木以不材得終其天年。」夫子出於山，舍於故人之家。故人喜，命豎子殺鴈而烹之。豎子請曰：「其一能鳴，其一不能鳴，請奚殺？」主人曰：「殺不能鳴者。」明日，弟子問於莊子曰：「昨日山中之木，以不材得終其天年；今主人之鴈，以不材死。先生將何處？」上声，下同。莊子笑曰：「周將處夫扶，下同。材與不材之間。材與不材之間，似之而非也，故未免乎累。若夫乘道德而浮遊則不然。無譽餘。無訾，一龍一蛇，與時俱化，而無肯專爲；一上一下，以和爲量，浮遊乎萬物之祖；物物而不物於物，則胡可得而累邪？此神農、黃帝之法則也。若夫萬物之情、人倫之傳，則不然。合則離，成則毀，廉則挫，尊則議，有爲則虧，賢則謀，不肖則欺，胡可得而必乎哉？悲夫，弟子志之，其唯道德之鄉乎？」

藏山之木不材，可以自全；受豢之鴈無能，適以取殺。使木不山，即不材亦難免也；使鴈不豢，即無能亦免殺也。

老莊至乎，子房庶乎，曼倩又庶乎，泌也幾之矣。希夷、堯夫，儔中卓然。

不眩才，不韜能，無肯專爲，與世和同，此道德之鄉也。

即西方目前之意。

市南宜僚見魯侯，魯侯有憂色。市南子曰：「君有憂色，何也？」魯侯曰：「吾學先王之道，修先君之業。吾敬鬼尊賢，親而行之，無須臾離去聲。居。然不免於患，吾是以憂。」市南子曰：「君之除患之術淺矣。夫豐狐文豹，棲於山林，伏於巖穴，靜也；夜行晝居，戒也；雖飢渴隱約，猶且胥疏於江湖之上而求食焉，定也。然且不免於罔羅機辟闢。之患，是何罪之有哉？其皮爲之災也。今魯國獨非君之皮邪？吾願君刳形去上聲，下同。皮，洒洗。心去欲，而遊於無人之野。南越有邑焉，名爲建德之國。其民愚而朴，少私而寡欲；知作而不知藏，與而不求其報；不知義之所適，不知禮之所將；猖狂妄行，乃蹈乎大方；其生可樂，洛。其死可葬。吾願君去國捐俗，與道相輔而行。」君曰：「彼其道遠而險，又有江山，我無舟車，柰何？」市南子曰：「君無形倨，無留居，以爲君車。」君曰：「彼其道幽遠而無人，吾誰與爲鄰？吾無糧，我無食，安得而至焉？」市南子曰：「少君之費，寡君之欲，雖無糧而乃足。君其涉於江而浮於海，望之而不見其崖，愈往而不知其所窮。送君者皆自崖而反。君自此遠矣。故有人者累，見有於人者憂。故堯非有人，非見有於人也。吾願去君之累，除君之憂，而獨與道遊於大莫之國。方舟而濟於河，有虛船來觸舟，雖有惼編。心之人不怒。有一人在其上，則呼張歙翕。之。一呼而不聞，再呼而不聞，於是三呼邪，則必以惡聲隨之。向也不怒而今也怒，向也虛而今也實。人能虛己以遊世，其孰能害之？」

去累虛己，可免憂害。

北宮奢爲去聲。衛靈公賦斂去聲，下同。以爲鐘，爲壇乎郭門之外，三月而成上下之縣。玄。王子慶忌見而問焉，曰：「子何術之設？」奢曰：「一之間，無敢設也。奢聞之：『既雕既琢，復歸於朴。』侗乎其無識，儻乎其怠疑。萃乎芒乎，其送往而迎來。來者勿禁，往者勿止。從其彊梁，隨其曲傅，附。因其自窮，故朝夕賦斂而毫末不挫，而況有大塗者乎？」

賦斂，恐鳩募意。

孔子圍於陳蔡之間，七日不火食。太公任往弔之曰：「子幾死乎？」曰：「然。」「子惡去聲，下同。死乎？」曰：「然。」任曰：「予嘗言不死之道。東海有鳥焉，名曰意怠。其爲鳥也，翂翂紛，或

守一抱朴，不求自足。

流布而不自明其所居，顯行而不自名其所處。全身遠害之道，在去知故而捐功名。

作吩。翐翐，秩、族二音。而似無能；引援而飛，迫脅而棲；進不敢爲前，退不敢爲後；食不敢先嘗，必取其緒。是故其行杭。列不斥，而外人卒不得害，是以免於患。直木先伐，甘井先竭。子其意者飾知智。以驚愚，修身以明汙，昭昭乎如揭日月而行，故不免也。昔吾聞之大成之人曰：『自伐者無功〔二〕，功成者墮，名成者虧。』孰能去功與名而還與衆人？道流而不明居，得行而不名處。純純常常，乃比於狂。削迹捐勢，不爲功名。是故無責於人，人亦無責焉。至人不聞，子何喜哉？」孔子曰：「善哉。」辭其交遊，去其弟子，逃於大澤；衣去聲，下同。裘褐，食杼序。栗；入獸不亂群，入鳥不亂行。杭。鳥獸不惡，而況人乎？

孔子問子桑雽戶。曰：「吾再逐於魯，伐樹於宋，削迹於衛，窮於商周，圍於陳蔡之間。吾犯此數患，親交益疏，徒友益散，何與？」餘，下同。子桑雽曰：「子獨不聞假人之亡與？林回棄千金之璧，負赤子而趨。或曰：『爲去聲，下同。其布與？赤子之布寡矣；爲其累與？赤子之累多矣。棄千金之璧，負赤子而趨，何也？』林回曰：『彼以

世交皆利合，守道人自歸。

安貧。

利合，此以天屬也。』夫以利合者，迫窮禍患害相棄也；以天屬者，迫窮禍患害相收也。夫相收之與相棄亦遠矣。且君子之交淡若水，小人之交甘若醴。君子淡以親，小人甘以絶。彼無故以合者，則無故以離。」孔子曰：「敬聞命矣。」徐行翔佯而歸，絶學捐書，弟子無挹於前，其愛益加進。異日，桑雽又曰：「舜之將死，真泠泠。禹曰：『汝戒之哉。形莫若緣，情莫若率。緣則不離，率則不勞；不離不勞，則不求文以待形；不求文以待形，固不待物。』」

莊子衣大布而補之，正緳絜。係履而過戈。魏王。魏王曰：「何先生之憊敗。邪？」莊子曰：「貧也，非憊也。士有道德不能行，憊也；衣敝履穿，貧也，非憊也。此所謂非遭時也。王獨不見夫騰猿乎？其得枏梓豫章也，攬蔓其枝而王去聲。長上聲。其間，雖羿、逢蒙不能睥睨也。及其得柘棘枳枸矩。之間也，危行側視，振動悼慄。此筋骨非有加急而不柔也，處勢不便，未足以逞其能也。今處昏上亂相去聲。之間，而欲無憊，奚可得邪？此比干之見剖心徵也夫。」

孔子窮於陳蔡之間，七日不火食，左據槁木，右擊槁枝，而歌焱氏之風，有其具而無其數，有其聲而無宮角，木聲與人聲，犁然有當去聲。於人之心。顏回端拱還旋。目而窺之。仲尼恐其廣己而造大也，愛己而造哀也，曰：「回，無受天損易，異，下同。無受人益難。無始而非卒也，人與天一也。夫今之歌者其誰乎？」回曰：「敢問無受天損易。」仲尼曰：「飢渴寒暑，窮桎不行，天地之行也，運物之泄也，言與之偕逝之謂也。爲人臣者，不敢去之。執臣之道猶若是，而況乎所以待天乎？」「何謂無受人益難？」仲尼曰：「始用四達，爵祿並至而不窮。物之所利，乃非己也，吾命有在外者也。君子不爲盜，賢人不爲竊。吾若取之，何哉？故曰：鳥莫知智。於鷾鴯，音意而。目之所不宜處，不給視，雖落其實，棄之而走。其畏人也，而襲諸人間，社稷存焉爾。」「何謂無始而非卒？」仲尼曰：「化其萬物而不知其禪去聲。之者，焉烟，下同。知其所終？焉知其所始？正而待之而已耳。」「何謂人與天一邪？」仲尼曰：「有人，天也；有天，亦天也；人之不能有天，性也。聖人晏然體逝而終矣。」

莊周遊乎雕陵之樊，覩一異鵲，自南方來者，翼廣七尺，目大運

安性分。

寸，感周之顙而集於栗林。莊周曰：「此何鳥哉？翼殷不逝，目大不覩？」蹇裳躩步，執弹而留之。覩一蟬，方得美蔭而忘其身；螳蜋執翳而搏之，見得而忘其形；異鵲從而利之，見利而忘其真。莊周怵然曰：「噫，物固相累，二類相召也。」捐弹而反走，虞人逐而誶又作訊。之。莊周反入，三月不庭。藺且疽。從而問之：「夫子何爲頃間甚不庭乎？」莊周曰：「吾守形而忘身，觀於濁水而迷於清淵。且吾聞諸夫子曰：『入其俗，從其俗。』今吾遊於雕陵而忘吾身，異鵲感吾顙；遊於栗林而忘真，栗林虞人以吾爲戮。吾所以不庭也。」

栗林虞人以射獵爲俗，不知莊意。逐物忘身。

陽子之宋，宿於逆旅。逆旅人有妾二人，其一人美，其一人惡，惡者貴而美者賤。陽子問其故，逆旅小子對曰：「其美者自美，吾不知其美也；其惡者自惡，吾不知其惡也。」陽子曰：「弟子記之，行去聲，下同。賢而去上聲。自賢之行，安往而不愛哉？」

自矜敗美。

校勘記

〔一〕「伐」，原作「成」，據《道藏》本、世德堂本改。

田子方第二十一

田子方侍坐於魏文侯，數朔，下同。稱谿工。文侯曰：「谿工，子之師邪？」子方曰：「非也，無擇之里人也。稱道數當，去聲。故無擇稱之。」文侯曰：「然則子無師邪？」子方曰：「有。」曰：「子之師誰邪？」子方曰：「東郭順子。」文侯曰：「然則夫子何故未嘗稱之？」子方曰：「其爲人也真，人貌而天，虛緣而葆真，清而容物。物無道，正容以悟之，使人之意也消。無擇何足以稱之？」子方出，文侯儻然，終日不言。召前立臣而語去聲。之曰：「遠矣，全德之君子。始吾以聖知智。之言、仁義之行去聲。爲至矣：吾聞子方之師，吾形解而不欲動，口鉗而不欲言。吾所學者真土梗耳。夫扶，下同。魏真爲我累耳。」

温伯雪子適齊，舍於魯。魯人有請見之者，温伯雪子曰：「不可。吾聞中國之君子，明乎禮義而陋於知人心，吾不欲見也。」至於齊，反舍於魯，是人也又請見。温伯雪子曰：「徃也蘄祈，下同。

上二段論至人上德，無待言修而道存也。

見我，今也又蘄見我，是必有以振我也。」出而見客，入而歎；明日見客，又入而歎。其僕曰：「每見之客也，必入而歎，何邪？」曰：「吾固告子矣：『中國之民，明乎禮義而陋于知人心。』昔之見我者，進退一成規，一成矩，從七容反。容一若龍，一若虎，其諫我也似子，其道我也似父，是以歎也。」仲尼見之而不言。子路曰：「吾子欲見溫伯雪子久矣，見之而不言，何耶？」仲尼曰：「若夫人者，目擊而道存矣，亦不可以容聲矣。」

顏淵問於仲尼曰：「夫子步亦步，夫子趨亦趨，夫子馳亦馳，夫子奔逸絶塵，而回瞠撐，下同。若乎後矣。」夫子曰：「回，何謂邪？」曰：「夫子步亦步也，夫子言亦言也，夫子趨亦趨也，夫子辯亦辯也，夫子馳亦馳也，夫子言道回亦言道也。及奔逸絶塵而回瞠若乎後者，夫子不言而信，不比去聲。而周，無器而民蹈乎前，而不知所以然而已矣。」仲尼曰：「惡，烏。可不察與？餘，下同。夫哀莫大於心死，而人死亦次之。日出東方而入於西極，萬物莫不比方。有目有趾者，待是而後成功，是出則存，是入則亡。萬物亦

順性命之自然。

死中有生，忘中有存，達死生之故，而守其宗也。

遺形。

造化之原。

然，有待也而死，有待也而生。吾一受其成形，而不化以待盡，效物而動，日夜無隙，而不知其所終。薰然其成形，知命不能規乎其前，丘以是日徂。吾終身與汝交一臂而失之，可不哀與？汝殆著乎吾所以著也。彼已盡矣，而汝求之以爲有，是求馬於唐肆也。吾服汝也甚忘，汝服吾也亦甚忘。雖然，汝奚患焉？雖忘乎故吾，吾有不忘者存。」

孔子見老聃，老聃新沐，方將被皮寄反。髮而乾，干。慹茶。然似非人。孔子便而待之。少焉見，現。曰：「丘也眩與？其信然與？向者先生形體掘若槁木，似遺物離去聲，下同。人而立於獨也。」老聃曰：「吾遊心於物之初。」孔子曰：「何謂邪？」曰：「心困焉而不能知，口辟焉而不能言。嘗爲去聲。汝議乎其將：至陰肅肅，至陽赫赫。肅肅出乎天，赫赫發乎地。兩者交通成和而物生焉，或爲之紀而莫見其形。消息滿虛，一晦一明，日改月化，日有所爲，而莫見其功。生有所乎萌，死有所乎歸，始終相反乎無端，而莫知乎其所窮。非是也，且孰爲之宗？」孔子曰：「請問遊是。」老聃

得一。

不假修爲。

曰：「夫得是，至美至樂洛，下同。也。得至美而遊乎至樂，謂之至人。」孔子曰：「願聞其方。」曰：「草食之獸，不疾易藪；水生之蟲，不疾易水。行少變而不失其大常也，喜怒哀樂不入於胸次。夫天下也者，萬物之所一也。得其所一而同焉，則四肢百體將爲塵垢，而死生終始將爲晝夜，而莫之能滑，汩。而況得喪去聲。禍福之所介乎？棄隸者若棄泥塗，知身貴於隸也，貴在於我而不失於變。且萬化而未始有極也，夫孰足以患心？已爲道者解乎此。」孔子曰：「夫子德配天地，而猶假至言以修心，古之君子孰能說脱。焉？」老聃曰：「不然。夫水之於汋酌。也，無爲而才自然矣。至人之於德也，不修而物不能離焉。若天之自高，地之自厚，日月之自明，夫何修焉？」孔子出，以告顏回，曰：「丘之於道也，其猶醯雞與。微夫子之發吾覆敷救反。也，吾不知天地之大全也。」

莊子見魯哀公，哀公曰：「魯多儒士，少爲先生方者。」莊子曰：「魯少儒。」哀公曰：「舉魯國而儒服，何謂少乎？」莊子曰：「周聞之：儒者，冠去聲。圜冠者，知天時；履句矩。屨者，知地形；

真人少。

爵祿、死生不入心。

胸中有全畫。

徃代夢卜皆此意。

緩佩玦者，事至而斷。丁亂反。君子有其道者，未必爲其服也；爲其服者，未必知其道也。公固以爲不然，何不號於國中曰：『無此道而爲此服者，其罪死。』」於是哀公號之，五日，而魯國無敢儒服者。獨有一丈夫，儒服而立乎公門。公即召而問以國事，千轉萬變而不窮。莊子曰：「以魯國而儒者一人耳，可謂多乎？」

百里奚爵祿不入於心，故飯上聲。牛而牛肥，使秦穆公忘其賤，與之政也。有虞氏死生不入於心，故足以動人。

宋元君將畫圖，衆史皆至，受揖而立。舐士。筆和墨，在外者半。有一史後至者，儃儃但。然不趨，受揖不立，因之舍。公使人視之，則解衣般礴羸。君曰：「可矣，是真畫者也。」

文王觀於臧，見一丈人釣，而其釣莫釣。非持其釣有釣者也，常釣也。文王欲舉而授之政，而恐大臣父兄之弗安也；欲終而釋之，而不忍百姓之無天也。於是旦而屬燭。諸大夫曰：「昔者寡人夢見良人，黑色而頳，髯。乘駁馬而偏朱蹄，號曰：『寓而政於臧丈人，庶幾機。乎民有瘳乎。』」諸大夫蹵然曰：「先君王也。」文王

無爲之治。

與杜櫟旨同。

神定。

曰：「然則卜之。」諸大夫曰：「先君之命，王其無他，又何卜焉？」遂迎臧丈人而授之政。典法無更，庚。偏令無出。三年，文王觀於國，則列士壞怪，下同。植散群，長上聲，下同。官者不成德，斔庾，下同。斛不敢入於四境。列士壞植散群，則尚同也；長官者不成德，則同務也；斔斛不敢入於四境，則諸侯無二心也。文王於是焉以爲太師，北面而問曰：「政可以及天下乎？」臧丈人昧然而不應，泛然而辭，朝令而夜遁，終身無聞。顔淵問於仲尼曰：「文王其猶未邪？又何以夢爲乎？」仲尼曰：「默，汝無言。夫文王盡之也，而又何論刺焉？彼直以循斯須也。」

列御寇爲去聲。伯昏無人射，引之盈貫，措杯水其肘上，發之，適矢復扶又反，下同。沓，方矢復寓。當是時，猶象人也。伯昏無人曰：「是射之射，非不射之射也。嘗與汝登高山，履危石，臨百仞之淵，若能射乎？」於是無人遂登高山，履危石，臨百仞之淵，背逡巡，足二分垂在外，揖御寇而進之。御寇伏地，汗流至踵。伯昏無人曰：「夫至人者，上闚青天，下潛黃泉，揮斥八極，神氣不變。今

齊得失，忘爵祿。

達存亡。

汝怵然有恂一作眴。目之志，爾於中去聲。也殆矣夫。」

肩吾問於孫叔敖曰：「子三爲令尹而不榮華，三去之而無憂色。吾始也疑子，今視子之鼻間栩栩然。子之用心獨柰何？」孫叔敖曰：「吾何以過人哉？吾以其來不可卻也，其去不可止也。吾以爲得失之非我也，而無憂色而已矣。我何以過人哉？且不知其在彼乎？其在我乎？其在彼邪亡乎我，在我邪亡乎彼。方將躊躇，方將四顧，何暇知乎人貴人賤哉？」仲尼聞之曰：「古之真人，知者不得說，美人不得濫，盜人不得刦，劫。伏戲、羲。黃帝不得友。死生亦大矣，而無變乎己，況爵祿乎？若然者，其神經乎大泰。山而無介，入乎淵泉而不濡，處上聲。卑細而不憊，充滿天地，既以與人，己愈有。」

楚王與凡君坐。少焉，楚王左右曰凡亡者三。凡君曰：「凡之亡也，不足以喪吾存。夫凡之亡不足以喪吾存，則楚之存不足以存存。由是觀之，則凡未始亡，而楚未始存也。」

即了了常知，言之不及意。

知北遊第二十二

知北遊於玄水之上，登隱弅分。之丘，而適遭無爲謂焉。知謂無爲謂曰：「予欲有問乎若：何思何慮則知道？何處上聲，下同。何服則安道？何從何道則得道？」三問而無爲謂不答也，非不答，不知答也。知不得問，反於白水之南，登狐闋之上，而睹狂屈焉。知以之言也問乎狂屈。狂屈曰：「唉，哀在、烏來二反。予知之，將語去聲。若。」中欲言，而忘其所欲言。知不得問，反於帝宮，見黃帝而問焉。黃帝曰：「無思無慮始知道，無處無服始安道，無從無道始得道。」知問黃帝曰：「我與若知之，彼與彼不知也，其孰是耶？」黃帝曰：「彼無爲謂真是也，狂屈似之，我與汝終不近也。夫扶，下同。知者不言，言者不知，故聖人行不言之教。道不可致，德不可至。仁可爲也，義可虧也，禮相僞也。故曰：『失道而後德，失德而後仁，失仁而後義，失義而後禮。禮者，道之華而亂之首也。』故曰：『爲道者日損，損之又損之，以至於無爲，無爲而無不爲也。』

今已爲物也，欲復歸根，不亦難乎？其易異。也，其唯大人乎？生也死之徒，死也生之始，孰知其紀？人之生，氣之聚也。聚則爲生，散則爲死。若死生爲徒，吾又何患？故萬物一也。是其所美者爲神奇，其所惡去聲。者爲臭腐。臭腐復扶又反，下同。化爲神奇，神奇復化爲臭腐。故曰『通天下一氣耳』。聖人故貴一。」知謂黄帝曰：「吾問無爲謂，無爲謂不應我，非不我應，不知應我也；吾問狂屈，狂屈中欲告我而不我告，非不我告，中欲告而忘之也。今予問乎若，若知之，奚故不近？」黄帝曰：「彼其真是也，以其不知也。此其似之也，以其忘之也；予與若終不近也，以其知之也。」狂屈聞之，以黄帝爲知言。

禪宗上乘。

有而不知。

天地有大美而不言，四時有明法而不議，萬物有成理而不説。聖人者，原天地之美而達萬物之理，是故至人無爲，大聖不作，觀於天地之謂也。今彼神明至精，與彼百化，物已死生方圓，莫知其根也。扁然而萬物，自古以固存。六合爲巨，未離去聲。其內；秋毫爲小，待之成體。天下莫不沉浮，終身不故；陰陽四時運行，各

有而不執。

得其序；惛然若亡而存，油然不形而神；萬物畜而不知。此之謂本根，可以觀於天矣。

齧缺問道乎被披，下同。衣，被衣曰：「若正汝形，一汝視，天和將至；攝汝知，一汝度，神將來舍。德將爲汝美，道將爲汝居。汝瞳焉如新生之犢而無求其故。」言未卒，齧缺睡寐。被衣大說，悦。行歌而去之，曰：「形若槁骸，心若死灰，真其實知，不以故自持。媒媒味。晦晦，無心而不可與謀。彼何人哉？」

舜問乎丞曰：「道可得而有乎？」曰：「汝身非汝有也，汝何得有夫道？」舜曰：「吾身非吾有也，孰有之哉？」曰：「是天地之委形也。生非汝有，是天地之委和也；性命非汝有，是天地之委順也；孫子非汝有，是天地之委蛻也。故行不知所往，處上聲，下同。不知所持，食不知所味。天地之彊陽氣也，又胡可得而有耶？」

孔子問於老聃曰：「今日晏閒，閑。敢問至道。」老聃曰：「汝齋戒，疏瀹而心，澡雪而精神，掊擊而知。智。夫道，窅然難言哉。將爲去聲。汝言其崖略：夫昭昭生於冥冥，有倫生於無形，精神生於道，形本生於精，而萬物以形相生，故九竅者胎生，八竅者卵生。其來無迹，其往無崖，無門無房，四達之皇皇也。邀於此者，四枝強，思慮恂達，耳目聰明，其用心不勞，其應物無方。天不得不高，地不得不廣，日月不得不行，萬物不得不昌，此其道與。餘，下同。且夫博之不必知，辯之不必慧，聖人以斷之矣。若夫益之而不加益，損之而不加損者，聖人之所保也。淵淵乎其若海，魏魏平聲。乎其終則復始也，運量萬物而不匱。則君子之道，彼其外與。萬物皆往資焉而不匱，此其道與。中國有人焉，非陰非陽，處於天地之間，直且爲人，將反於宗。自本觀之，生者，喑醷音陰意。物也。雖有壽夭，相去幾何？須臾之説也。奚足以爲堯桀之是非？果蓏裸。有理，人倫雖難，所以相齒。聖人遭之而不違，過之而不守。調而應之，德也；偶而應之，道也。帝之所興，王之所起也。人生天地之間，若白駒之過郤，忽然而已。注然勃然，莫不出焉；油然漻流。然，莫不入焉。已化而生，又化而死，生物哀之，人類悲之。解其天弢，叨。墮隳。其天袠，紛乎宛乎，魂魄將往，乃身從之，乃大歸

任而不辯。

乎。不形之形，形之不形，是人之所同知也，非將至之所務也，此衆人之所同論也。彼至則不論，論則不至。明見無值，辯不若默。道不可聞，聞不若塞。入聲。此之謂大得。」

東郭子問於莊子曰：「所謂道，惡烏。乎在？」莊子曰：「無所不在。」東郭子曰：「期而後可。」莊子曰：「在螻蟻。」曰：「何其下邪？」曰：「在稊稗。」曰：「何其愈下邪？」曰：「在瓦甓。」曰：「何其愈甚邪？」曰：「在屎溺。」去聲。東郭子不應。莊子曰：「夫子之問也，固不及質。正獲之問於監平聲。市履狶喜。也，每下愈況。汝唯莫必，無乎逃物。至道若是，大言亦然。周徧咸三者，異名同實，其指一也。嘗相與游乎無何有之宮，同合而論，無所終窮乎。嘗相與無爲乎，淡而靜乎，漠而清乎，調而閒閑。乎。寥已吾志，無往焉而不知其所至，去而來不知其所止。吾已往來焉而不知其所終。彷徨乎馮憑。閎，大知入焉而不知其所窮。物物者與物無際，而物有際者，所謂物際者也。不際之際，際之不際者也。謂盈虛衰殺，色界反，下同。彼爲盈虛非盈虛，彼爲衰殺非衰殺，彼爲本

無能所。

忘言。

末非本末，彼爲積散非積散也。」

婀阿，下同。荷甘與神農同學於老龍吉。神農隱去聲，下同。几闔户晝瞑，眠。婀荷甘日中奓處野反。户而入曰：「老龍死矣。」神農隱几擁杖而起，嚗剝。然放杖而笑，曰：「天知予僻陋慢訑，誕。故棄予而死。已矣，夫子無所發予之狂言而死矣夫。」扶，下同。弇堈音奄剛。弔聞之，曰：「夫體道者，天下之君子所繫焉。今於道，秋毫之端萬分未得處一焉，而猶知藏其狂言而死，又況夫體道者乎？視之無形，聽之無聲，於人之論者，謂之冥冥，所以論道而非道也。」

於是泰清問乎無窮曰：「子知道乎？」無窮曰：「吾不知。」又問乎無爲。無爲曰：「吾知道。」曰：「子之知道，亦有數乎？」曰：「有。」曰：「其數若何？」無爲曰：「吾知道之可以貴，可以賤，可以約，可以散，此吾所以知道之數也。」泰清以之言也問乎無始，曰：「若是，則無窮之弗知，與無爲之知，孰是而孰非乎？」無始曰：「不知深矣，知之淺矣；弗知内矣，知之外矣。」於是泰清中

無知。

無相。

無用。

而歎曰：「弗知乃知乎？知乃不知乎？孰知不知之知？」無始曰：「道不可聞，聞而非也；道不可見，見而非也；道不可言，言而非也。知形形之不形乎？道不當名。」無始曰：「有問道而應之者，不知道也。雖問道者，亦未聞道。道無問，問無應。無問問之，是問窮也；無應應之，是無內也。以無內待問窮，若是者，外不觀乎宇宙，內不知乎大泰，下同。初。是以不過乎崑崙，不遊乎大虛。」

光曜問乎無有曰：「夫子有乎？其無有乎？」光曜不得問，而孰視其狀貌，窅然空然，終日視之而不見，聽之而不聞，搏之而不得也。光曜曰：「至矣，其孰能至此乎？予能有無矣，而未能無無也。及爲無有矣，何從至此哉？」

大馬之捶丁果、之累二反。鉤者，年八十矣，而不失毫芒。大馬曰：「子巧與？餘，下同。有道與？」曰：「臣有守也。臣之年二十而好去聲。捶鉤，於物無視也，非鉤無察也。是用之者，假不用者也以長得其用，而況乎無不用者乎？物孰不資焉？」

冉求問於仲尼曰：「未有天地可知耶？」仲尼曰：「可。古猶

古今一，物我一。

無將迎。

今也。」冉求失問而退，明日復見，現。曰：「昔者吾問：『未有天地可知乎？』夫子曰：『可，古猶今也。』昔日吾昭然，今日吾昧然，敢問何謂也？」仲尼曰：「昔之昭然也，神者先受之；今之昧然也，且又爲去聲。不神者求邪？無古無今，無始無終。未有子孫而有子孫，可乎？」冉求未對。仲尼曰：「已矣，未應矣。不以生生死，不以死死生。死生有待邪？皆有所一體。有先天地生者物耶？物物者非物。物出不得先物也，猶其有物也。猶其有物也無已。聖人之愛人也終無已者，亦乃取於是者也。」

顏淵問乎仲尼曰：「回嘗聞諸夫子曰：『無有所將，無有所迎。』回敢問其遊。」仲尼曰：「古之人，外化而內不化；今之人，內化而外不化。與物化者，一不化者也。安化安不化，安與之相靡，必與之莫多。狶韋氏之囿，黃帝之圃，有虞氏之宮，湯、武之室。君子之人，若儒墨者師，故以是非相整齊。也，而況今之人乎？聖人處物不傷物。不傷物者，物亦不能傷也。唯無所傷者，爲能與人相將迎。山林與，餘，下同。皋壤與，使我欣欣然而樂洛，下同。與。

樂未畢也，哀又繼之。哀樂之來，吾不能禦，其去弗能止。悲夫，世人直爲物逆旅耳。夫知遇而不知所不遇，知能能而不能所不能。無知無能者，固人之所不免也。夫務免乎人之所不免者，豈不亦悲哉？至言去言，至爲去爲。齊知之，所知則淺矣。」

爲物逆旅，言心不得爲主。

無情識。

南華真經題評卷之八

洪陽張位

雜篇

庚桑楚第二十三

老聃之役有庚桑楚者，偏得老聃之道，以北居畏猥。壘之山。其臣之畫然知智。者去之，其妾之挈然仁者遠去聲。之。擁腫之與居，鞅掌之爲使。居三年，畏壘大穰。畏壘之民相與言曰：「庚桑子之始來，吾灑然異之。今吾日計之而不足，歲計之而有餘。庶幾其聖人乎？子胡不相與尸而祝之，社而稷之乎？」庚桑子聞之，南面而不釋然。弟子異之。庚桑子曰：「弟子何異於予？夫扶，下同。春氣發而百草生，正得秋而萬寶成。夫春與秋，豈無得而然哉？大道已行矣。吾聞至人，尸居環堵之室，而百姓猖狂，不知所如往。今以畏壘之細民而竊竊焉欲俎豆予于賢人之間，我其杓的。

大道，一作天道。

杓，爲人所執而用者。

言大人雖僻處而小民自尊奉之，亦聽之耳。

之人邪？吾是以不釋於老聃之言。」弟子曰：「不然。夫尋常之溝，巨魚無所還旋。其體，而鯢鰌秋。爲之制；步仞之丘陵，巨獸無所隱其軀，而蘖孽。狐爲之祥。且夫尊賢授能，先善與利，自古堯舜以然，而況畏壘之民乎？夫子亦聽矣。」庚桑子曰：「小子來，夫函車之獸，介而離去聲。山，則不免于罔罟之患；吞舟之魚，碭蕩。而失水，則螘蟻。能苦之。故鳥獸不厭高，魚鼈不厭深。夫全其形生之人，藏其身也，不厭深眇而已矣。且夫二子者，又何足以稱揚哉？是其於辯也，將妄鑿垣墻而殖蓬蒿也。簡髮而櫛，數上聲。米而炊，竊竊乎又何足以濟世哉？舉賢則民相軋，揠。任知智。則民相盜。之數物者，不足以厚民。民之於利甚勤，子有殺弑，下同。父，臣有殺君，正晝爲盜，日中穴阫。丕。吾語去聲。汝：大亂之本，必生于堯舜之間；其末，存乎千世之後；千世之後，其必有人與人相食者也。」南榮趎疇。蹵然正坐曰：「若趎之年者已長上聲。矣，將惡烏。乎托業以及此言邪？」庚桑子曰：「全汝形，抱汝生，無使汝思慮營營。若此三年，則可以及此言也。」南榮趎曰：「目之與形，

勉強通達而已。

吾不知其異也，而盲者不能自見；耳之與形，吾不知其異也，而聾者不能自聞；心之與形，吾不知其異也，而狂者不能自得。形之與形亦辟闢。矣，而物或間去聲。之邪？欲相求而不能相得。今謂趎曰：『全汝形，抱汝生，勿使汝思慮營營。』趎勉聞道達耳矣。」庚桑子曰：「辭盡矣。曰奔蜂不能化藿蠋，蜀。越雞不能伏鵠卵，魯雞固能矣。雞之與雞，其德非不同也，有能與不能者，其才固有巨小也。今吾才小，不足以化子。子胡不南見老子？」南榮趎贏糧，七日七夜，至老子之所。老子曰：「子自楚之所來乎？」南榮趎曰：「唯。」以癸反。老子曰：「子何與人偕來之衆也？」南榮趎懼然顧其後。老子曰：「子不知吾所謂乎？」南榮趎俯而慙，仰而歎曰：「今者吾忘吾答，因失吾問。」老子曰：「何謂也？」南榮趎曰：「不知乎？人謂我朱愚；知乎？反愁我軀。不仁則害人，仁則反愁我身；不義則傷彼，義則反愁我己。我安逃此而可？此三言者，趎之所患也，願因楚而問之。」老子曰：「向吾見若眉睫接。之間，吾因以得汝矣，今汝又言而信之。若規規然若喪去聲，下同。父母，揭

一涉牽縛，有道德尚難自持，況依倣而行者乎？

良醫洞見病源，能指示之，病者尚不自知。

竿而求諸海也。汝亡人哉，惘惘乎。汝欲反汝情性而無由入，可憐哉。」南榮趎請入就舍，召其所好，（去聲。）去（上聲。）其所惡，（去聲。）十日自愁，復（扶又反。）見老子。老子曰：「汝自灑濯，孰哉，鬱鬱乎。然而其中津津乎，猶有惡也。夫外韄（獲，下同。）者不可繁而捉，將內揵；（蹇，下同。）內韄者不可繆而捉，將外揵。外內韄者，道德不能持，而況放（倣。）道而行者乎？」南榮趎曰：「里人有病，里人問之，病者能言其病，然其病病者，猶未病也。若趎之聞大道，譬猶飲藥以加病也。趎願聞衛生之經而已矣。」老子曰：「衛生之經，能抱一乎？能勿失乎？能無卜筮而知吉凶乎？能止乎？能已乎？能舍（捨。）諸人而求諸己乎？能翛（蕭。）然乎？能侗然乎？能兒子乎？兒子終日嗥（號。）而嗌（益。）不嗄，（夏。）和之至也；終日握而手不掜，（藝。）共其德也；終日視而目不瞚，（瞬。）偏不在外也。行不知所之，居不知所爲，與物委蛇，（音萎移。）而同其波。是衛生之經已。」南榮趎曰：「然則是至人之德已乎？」曰：「非也。是乃所謂冰解凍釋者。夫至人者，相與交食乎地而交樂（洛，下同。）乎天，不以人物利害

且如此做去。

已上反復至人之德，入德之方。

修方恒，恒方定。

不即是者，言無恒而不能深造，必終敗耳。不虞生心，禪宗無住之旨也。敬中達彼，儒家主敬之説也。不恒久積誠，則出入皆失。

相攖，不相與爲怪，不相與爲謀，不相與爲事，翛然而往，侗然而來。是謂衛生之經已。」曰：「然則是至乎？」曰：「未也。吾固告汝曰：『能兒子乎？』兒子動不知所爲，行不知所之，身若槁木之枝而心若死灰。若是者，禍亦不至，福亦不來。禍福無有，惡烏。有人災也？」

宇泰定者，發乎天光。發乎天光者，人見其人。人有修者，乃今有恒。有恒者，人舍之，天助之。人之所舍，謂之天民；天之所助，謂之天子。學者，學其所不能學也；行者，行其所不能行也；辯者，辯其所不能辯也。知止乎其所不能知，至矣。若有不即是者，天鈞敗之。備物以將形，藏不虞以生心，敬中以達彼。若是而萬惡至者，皆天也，而非人也，不足以滑骨。成，不可內納。於靈臺。靈臺者有持，而不知其所持，而不可持者也。不見其誠己而發，每發而不當，去聲。業入而不舍，每更庚。爲失。爲不善乎顯明之中者，人得而誅之；爲不善乎幽間之中者，鬼得而誅之。明乎人，明乎鬼者，然後能獨行。券內反視。者，行乎無名；券外外飾。

自己求之。

分有成毁，原出自然之數，何足惡？惟惡人有心防備耳。

已上言修身俟命。

此神一出而不反，吾見其死而爲鬼矣。若出而得這箇靈明本體，是善吾死矣。倘身滅而情識尚存，還與鬼一般也。古人念念在定，故臨終不亂。若忘形絶慮，生時與那死時一樣，則真定矣。這樣的人就是出而去也。無所係着而存一箇根本，就是入而來也。不去尋竅投胎，雖有知覺而不落方所，雖是長遠而無有首尾，這是無去無來的，有實非情識之謂也。

者，志乎期費。行乎無名者，唯庸有光；志乎期費者，唯賈古。人也。人見其跂，猶之魁然。與物窮者，物入焉；與物且者，其身之不能容，焉烟。能容人？不能容人者無親，無親者盡人。兵莫憯慘。於志，鏌鎁音莫耶。爲下；寇莫大於陰陽，無所逃於天地之間。非陰陽賊之，心則使之也。道通其分也，其成也，毁也。所惡去聲，下同。乎分者，其分也以備；所以惡乎備者，其有以備。

故出而不反見其鬼，出而得是謂得死。死而不亡。滅而有實，鬼之一也。以有形者象無形者而定矣。先學無生。出無本，入無竅。有實而無乎處，有長而無乎本剽，一作摽。有所出而無竅者有實。有實而無乎處者，宇也；有長而無本剽者，宙也。有乎生，有乎死，有乎出，有乎入。入出而無見其形，是謂天門。天門者，無有也。萬物出乎無有。有不能以有爲有，必出乎

仙類鬼處。

仙道妙解。

道通宇宙之外。

實有出入而無方所。

無有，而無有一無有。聖人藏乎是。

古之人，其知有所至矣。惡烏。乎至？有以爲未始有物者，至矣，盡矣，弗可以加矣。其次以爲有物矣，將以生爲喪也，以死爲反也，是以分已。其次曰始無有，既而有生，生俄而死。以無有爲首，以生爲體，以死爲尻。孰知有無死生之一守者，吾與之爲友。是三者雖異，公族也，昭景也，著戴也，甲氏也，著封也，非一也。

有生黬黶。也，披然曰「移是」。嘗言「移是」，非所言也。雖然，不可知者也。臘者之有膍胲，音毗該。可散而不可散也；觀室者周於寢廟，又適其偃焉。爲去聲。是舉「移是」。請嘗言「移是」：是以生爲本，以知爲師，因以乘是非。果有名實，因以己爲質，使人以爲己節，因以死償節。若然者，以用爲知，智。以不用爲愚，以徹爲名，以窮爲辱。移是，今之人

聖人藏身處，從古仙佛不肯道破，此老漏泄天機。

他這箇有實而無處所的就是上天下地之宇，空虛而包涵萬象；這箇有長而無本標的就是古往今來之宙，長存而歷劫不壞。這樣，人生死出入雖與常人一般，但入出不墮形迹，遊乎天門，至虛至無，不淪色象，乃萬物從出之原，惟聖人得藏乎此耳。

三等雖異，其實同源，猶異封同族也。

已上論學術之同。浮生雖幻結，未可輕說移棄。當知性與命相連，但見內遂欲棄外耳。若世間捨生者，執定是非名實，拚棄此身爲之，皆不得全生之道，相去幾何。

上論棄生。棄生非也，以狥知而棄生，尤非也。

也，是蜩與鷽鳩同於同也。

蹍女展反。市人之足，則辭以放驁，傲。兄則以嫗，大親則已矣。故曰：至禮有不人，至義不物，至知不謀，至仁無親，至信辟金。徹志之勃，解心之謬，去上聲。德之累，達道之塞。入聲，下同。貴富顯嚴名利六者，勃志也；容動色理氣意六者，謬心也；惡去聲，下同。欲喜怒哀樂六者，累德也；去就取與知智。能六者，塞道也。此四六者不盪胸中則正，正則靜，靜則明，明則虛，虛則無爲而無不爲也。道者，德之欽也；生者，德之光也；性者，生之質也。性之動，謂之爲；爲之僞，謂之失。知者，接也；知者，謨也。知者之所不知，猶睨也。動以不得已之謂德，動無非我之謂治，名相反而實相順也。

羿工乎中去聲。微而拙乎使人無己譽，餘。聖人工乎天而拙乎人。夫工乎天而俍良。乎人者，唯全

已上論去累完德。

人能之。唯蟲能蟲，唯蟲能天。全人惡天，惡人之天，而况吾天乎人乎？一雀適羿，羿必得之，威也。以天下爲之籠，則雀無所逃。是故湯以庖人籠伊尹，秦穆公以五羊之皮籠百里奚。是故非以其所好去聲。籠之而可得者，無有也。介者拸以、池二音。畫，外非譽也；胥靡登高而不懼，遺死生也。夫復謵習。不餽而忘人，忘人，因以爲天人矣。故敬之而不喜，侮之而不怒者，唯同乎天和者爲然。出怒不怒，則怒出於不怒矣；出爲無爲，則爲出於無爲矣。欲靜則平氣，欲神則順心。有爲也欲當，去聲。則緣於不得已。不得已之類，聖人之道。

有所畏。

有所好。

來而不徃，忘人之情。若真能忘人，是天人矣。

唯蟲能自安於蟲，惟蟲能自全其天。若人則不能矣，未免智巧自喪矣。

全人惡天，言惡人之有心於合天者，而况肯以吾之天墮於人爲乎？

人不能全其天，只被刑威勸賞可懼可喜之事，心便受了籠絡。若投之非所好而可以籠絡得之者，必無此事。如介者形殘則不取畫象，胥靡生苦則不畏死。復即徃還之意，謵即交習，言常與徃來習熟的人不相餽遺，人便説它忘了人，然忘人之人乃天人矣。

已上論忘毁誉好惡死生，不得已而應世，聖人之道也。

忘形。

徐無鬼第二十四

徐無鬼因女商見魏武侯，武侯勞之曰：「先生病矣，苦於山林之勞，如字，餘皆去聲。故乃肯見於寡人。」徐無鬼曰：「我則勞於君，君有何勞於我？君將盈嗜欲，長上聲。好惡，並去聲，下同。則性命之情病矣；君將黜嗜欲，掔好惡，則耳目病矣。我將勞君，君有何勞於我？」武侯超然不對。少焉，徐無鬼曰：「嘗語去聲。君：吾相去聲，下同。狗也，下之質，執飽而止，是狸德也。中之質若視日，上之質若亡其一。吾相狗，又不若吾相馬也。吾相馬，直者中去聲，下同。繩，曲者中鉤，方者中矩，圓者中規，是國馬也，而未若天下馬也。天下馬有成材，若卹若失，若喪去聲。其一。若是者，超軼絶塵，不知其所。」武侯大悦而笑。徐無鬼出，女商曰：「先生獨何以説稅。吾君乎？吾所以説吾君者，横説之則以《詩》、《書》、《禮》、《樂》，從子容反。説之則以《金版》、《六弢》，奉事而大有功者不可爲數，而吾君未嘗啓齒。今先生何以説吾君，使吾君悦若此乎？」徐無鬼

勞生之極，反本之思。

真境眼前，須至言提醒方悟。

曰：「吾直告之吾相狗馬耳。」女商曰：「若是乎？」曰：「子不聞夫扶，下同。越之流人乎？去國數日，見其所知而喜；去國旬月，見所嘗見於國中者喜；及期基。年也，見似人者而喜矣。不亦去人滋久，思人滋深乎？夫逃虛空者，藜藋徒弔反。柱乎鼪鼬之逕，踉良。位其空，聞人足音跫巨恭反。然而喜矣，而況乎昆弟親戚之謦欬其側者乎？久矣夫，莫以真人之言謦欬吾君之側乎。」

徐無鬼見武侯，武侯曰：「先生居山林，食芧序。栗，厭葱韭，以賓擯。寡人，久矣夫。今老邪？其欲于酒肉之味邪？其寡人亦有社稷之福邪？」徐無鬼曰：「無鬼生於貧賤，未嘗敢飲食君之酒肉，將來勞君也。」君曰：「何哉？奚勞寡人？」曰：「勞君之神與形。」武侯曰：「何謂邪？」徐無鬼曰：「天地之養也一，登高不可以爲長，居下不可以爲短。君獨爲萬乘去聲。之主，以苦一國之民，以養耳目鼻口，夫神者不自許也。夫神者，好和而惡姦。夫姦，病也，故勞之。唯君所病之，何也？」武侯曰：「欲見先生久矣。吾欲愛民而爲義偃兵，其可乎？」徐無鬼曰：「不可。愛民，害民之始也；爲義偃兵，造兵之本也。君自此爲之，則殆不成。凡成美，惡器也。君雖爲仁義，幾且僞哉。形固造形，成固有伐，變固外戰。君亦必無盛鶴列於麗譙之間，無徒驥於錙壇之宮，無藏逆於得，無以巧勝人，無以謀勝人，無以戰勝人。夫殺人之士民，兼人之土地，以養吾私與吾神者，其戰不知孰善？勝之惡烏，下同。乎在？君若勿已矣，修胸中之誠，以應天地之情而勿攖。夫民死已脱矣，君將惡乎用夫偃兵哉？」

黄帝將見大隗五罪反。乎具茨之山，方明爲御，昌寓驂乘，張若、謵習。朋前馬，昆閽、滑骨。稽後車。至於襄城之野，七聖皆迷，無所問塗。適遇牧馬童子，問塗焉，曰：「若知具茨之山乎？」曰：「然。」「若知大隗之所存乎？」曰：「然。」黄帝曰：「異哉小童，非徒知具茨之山，又知大隗之所存。請問爲天下。」小童曰：「夫爲天下者，亦若此而已矣，又奚事焉？予少去聲。而自遊於六合之内，予適有瞀戊。病，有長者教予曰：『若乘日之車而遊於襄城之野。』今予病少痊，予又且復遊於六合之外。夫爲天下亦若此而已，予

怎見是善，何曾得勝。

養身養民，俱勿攖之。

具茨大隗，只在眼前，不必遠求。

若此者，如此牧馬也，即禪經如是之意。

去累即還真。

狗智逐物而不反者。

百姓日用而不知，不

又奚事焉？」黃帝曰：「夫爲天下者，則誠非吾子之事。雖然，請問爲天下。」小童辭。黃帝又問。小童曰：「夫爲天下者，亦奚以異乎牧馬者哉？亦去其害馬者而已矣。」黃帝再拜稽首，稱天師而退。

知智。士無思慮之變則不樂，洛，下同。辯士無談說之序則不樂，察士無淩誶信。之事則不樂，皆囿於物者也。招世之士興朝，潮。中民之士榮官，筋力之士矜難，去聲，下同。勇敢之士奮患，兵革之士樂戰，枯槁之士宿名，法律之士廣治，禮教之士敬容，仁義之士貴際。農夫無草萊之事則不比，毗至反，下同。商賈古。無市井之士則不比。庶人有旦暮之業則勸，百工有器械之巧則壯。錢財不積則貪者憂，權勢不尤則夸者悲。勢物之徒樂變，遭時有所用，不能無爲也。此皆順比於歲，不物於易者也。馳其形性，潛之萬物，終身不反，悲夫。

莊子曰：「射者非前期而中，去聲。謂之善射，天

能中爲善，不在習巧者。

可謂道。如射非素習而偶中，其中處與羿同，而所以中處不同。知者見知，仁者見仁，不可謂道。如天下各是其所是，而其所以是處與堯不同。

同氣。

同聲。

蹢子逐之於宋，不欲其完至，求鈃鐘器物反加束縛，惟恐損傷。乃求亡失之子不能遠索，自失輕重親踈，

下皆羿也，可乎？」惠子曰：「可。」莊子曰：「天下非有公是也，而各是其所是，天下皆堯也，可乎？」惠子曰：「可。」莊子曰：「然則儒、墨、楊、秉四，與夫子爲五，果孰是邪？或者若魯遽渠，下同。者邪？其弟子曰：『我得夫子之道矣，吾能冬爨鼎而夏造冰矣。』魯遽曰：『是直以陽召陽，以陰召陰，非吾所謂道也。吾示子乎吾道。』於是爲去聲。之調瑟，廢一於堂，廢一於室，鼓宮宮動，鼓角角動，音律同矣。夫或改調一弦，於五音無當去聲。也。鼓之，二十五弦皆動，未始異於聲，而音之君已。且若是者邪？」惠子曰：「今夫儒、墨、楊、秉，且方與我以辯，相拂以辭，相鎮以聲，而未始吾非也，則奚若矣？」莊子曰：「齊人蹢子於宋者，其命閽也不以完，其求鈃刑。鐘也以束縛，其求唐子也，而未始出域，有遺類矣。夫楚人寄而蹢閽者，夜半於無人之時而與舟人鬬，未始離於岑而足以造於怨也。」

自是爲當，不必從公者。

有遺類也。寄居而躕他家，闔人空身未離岸，與舟人先鬭，造怨何爲？言未得道而空辯也，終非實際。忘形。

忘己愛人。

莊子送葬，過惠子之墓，顧謂從去聲。者曰：「郢人堊慢其鼻端若蠅翼，使匠石斲之。匠石運斤成風，聽而斲之，盡堊而鼻不傷，郢人立不失容。宋元君聞之，召匠石曰：『嘗試爲寡人爲之。』匠石曰：『臣則嘗能斲之。雖然，臣之質死久矣。』自夫子之死也，吾無以爲質矣，吾無與言之矣。」

管仲有病，桓公問之，曰：「仲父之病病矣，可不謂云。至於大病，則寡人惡乎屬國而可？」管仲曰：「公誰欲與？」公曰：「鮑叔牙。」曰：「不可。其爲人潔廉善士也，其於不己若者不比之，又一聞人之過，終身不忘。使之治國，上且鉤乎君，下且逆乎民。其得罪於君也，將弗久矣。」公曰：「然則孰可？」對曰：「勿已，則隰朋可。其爲人也，上忘而下畔，愧不若皇帝，而哀不己若者。以德分人謂之聖，以財分人謂之賢。以賢臨人，未有得人者也；以賢下人，未有不得人者也。其於國有不聞也，其於家有不見也。勿已，則隰朋可。」

吳王浮于江，登乎狙之山。衆狙見之，恂然棄而走，逃於深

弄巧之禍。

矜巧。

口，一作中。

歛而不露。

猶尚未能忘言。

蓁。有一狙焉，委蛇音萎移。攫抓，爪。見現。巧乎王。王射石，下同。之，敏給搏捷矢。王命相去聲。者趨促。射之，狙執死。王顧謂其友顏不疑曰：「之狙也，伐其巧、恃其便以敖傲。予，以至此殛也。戒之哉。嗟乎，無以汝色驕人哉。」顏不疑歸而師董梧，以鋤其色，去樂辭顯，三年而國人稱之。

南伯子綦隱去聲。几而坐，仰天而噓。顏成子入見曰：「夫子，物之尤也。形固可使若槁骸，心固可使若死灰乎？」曰：「吾嘗居山穴之口矣。當是時也，田禾一覩我，而齊國之衆三賀之。我必先之，彼故知之；我必賣之，彼故鬻之。若我而不有之，彼惡得而知之？若我而不賣之，彼惡得而鬻之？嗟乎，我悲人之自喪者，吾又悲夫悲人者，吾又悲夫悲人之悲者，其後而日遠矣。」

仲尼之楚，楚王觴之，孫叔敖執爵而立，市南宜僚受酒而祭，曰：「古之人乎，於此言已。」曰：「丘也聞不言之言矣，未之嘗言，於此乎言之。市南宜僚弄丸而兩家之難解，孫叔敖甘寢秉羽而郢人投兵，丘願有喙三尺。」彼之謂不道之道，此之謂不言之辯，故德忘言合大。

總乎道之所一，而言休乎知之所不知，至矣。道之所一者，德不能同也；知之所不能知者，辯不能舉也。名若儒墨而凶矣。故海不辭東流，大之至也。聖人并包天地，澤及天下，而不知其誰氏。是故生無爵，死無謚，實不聚，名不立，此之謂大人。狗不以善吠爲良，人不以善言爲賢，而況爲大乎？夫爲大不足以爲大，而況爲德乎？夫大備矣，莫若天地。然奚求焉？而大備矣。知大備者，無求，無失，無棄，不以物易己也。反己而不窮，循古而不摩，大人之誠。

子綦有八子，陳諸前，召九方歅因。曰：「爲我相吾子，孰爲祥？」九方歅曰：「梱困。也爲祥。」子綦瞿句。然喜曰：「奚若？」曰：「梱也將與國君同食，以終其身。」子綦索然出涕曰：「吾子何爲以至於是極也？」九方歅曰：「夫與國君同食，澤及三族，而況於父母乎？今夫子聞之而泣，是禦福也。子則祥矣，父則不祥。」子綦曰：「歅，汝何足以識之，而梱祥邪？盡於酒肉，入於鼻口矣，而何足以知其所自來？吾未嘗爲牧而牂生於奥，未嘗好田而鶉生

世福難全。

去賢能。

於宎，夭。若勿怪，何邪？吾所與吾子遊者，遊於天地。吾與之邀樂於天，吾與之邀食於地；吾不與之爲事，不與之爲謀，不與之爲怪；吾與之乘天地之誠而不以物與之相攖，吾與之一委蛇而不與之爲事所宜。今也然有世俗之償焉？凡有怪徵者，必有怪行。去聲，下同。殆乎，非我與吾子之罪，幾天與之也。吾是以泣也。」無幾何而使梱之於燕，平聲。盜得之於道，全而鬻之則難，不若刖之則易。於是刖而鬻之於齊，適當渠公之街，終身食肉而終。

齧缺遇許由，曰：「子將奚之？」曰：「將逃堯。」曰：「奚謂邪？」曰：「夫堯，畜畜然仁，吾恐其爲天下笑。後世其人與人相食與？餘。夫民，不難聚也。愛之則親，利之則至，譽之則勸，致其所惡則散。愛利出乎仁義，捐仁義者寡，利仁義者衆。夫仁義之行，唯且無誠，且假夫禽貪者器。是以一人之斷制利天下，譬之猶一覕別。也。夫堯知賢人之利天下也，而不知其賊天下也。夫唯外乎賢者知之矣。」

有暖姝者，有濡需者，有卷婁音權縷。者。所謂暖姝者，學一先

媚世失真。

蟻魚羊皆聚群而有君長者。

無智。

無常尊。

但知□計，不知身危。

見得一邊，還卻一邊。

生之言，則暖暖姝姝而私自悅也，自以爲足矣，而未知未始有物也，是以謂暖姝者也。濡需者，豕蝨瑟。是也，擇疏鬣自以爲廣宮大囿，奎蹄曲隈，乳間股脚，自以爲安室利處，不知屠者之一旦鼓臂布草操烟火，而已與豕俱焦也。此以域進，此以域退，此其所謂濡需者也。卷婁者，舜也。羊肉不慕蟻，蟻慕羊肉，羊肉羶也。舜有羶行，百姓悅之，故三徙成都，至鄧之虛，而十有萬家。堯聞舜之賢，舉之童土之地，曰冀得其來之澤。舜舉乎童土之地，年齒長上聲。矣，聰明衰矣，而不得休歸，所謂卷婁者也。是以神人惡衆至。衆至則不比，不比則不利也。故無所甚親，無所甚踈，抱德煬和，以順天下，此謂真人。

於蟻棄知，於魚得計，於羊棄意。以目視目，以耳聽耳，以心復心。若然者，其平也繩，其變也循。古之真人，以天待之，不以人入天。古之真人，得之也生，失之也死。得之也死，失之也生，藥也。其實，堇也，桔梗也，雞壅也，豕零也，是時爲帝者也，何可勝升。言？勾踐也以甲楯三千，棲於會稽。唯種也能知亡之所以存，唯種也不知其身之所以愁。故曰：鴟目有所適，鶴脛有所節，解之也悲。故曰：風之過河也有損焉，日之過河也有損焉。請只風與日相與守河，而河以爲未始其攖也，恃源而往者也。故水之守土也審，影之守人也審，物之守物也審。故目之於明也殆，耳之於聰也殆，心之於殉也殆。凡能其於府也殆，殆之成也不給改。禍之長也茲萃，其反也緣功，其果也待久。而人以爲己寶，不亦悲乎？故有亡國戮民無已，不知問是也。故足之於地也踐，雖踐，恃其所不蹍而後善博也；人之知也少，雖少，恃其所不知而後知天之所謂也。知大一，知大陰，知大目，知大均，知大方，知大信，知大定，至矣。大一通之，大陰解之，大目視之，大均緣之，大方體之，大信稽之，大定持之。盡有天，循有照，冥有樞，始有彼。則其解之也似不解之者，其知之也似不知之也，不知而後知之。其問之也，不可以有崖，而不可以無崖。頡滑有實，古今不代，而不可以虧，則可不謂有大揚搉乎？闔不亦問是已，奚惑然爲？以不惑解惑，復於不惑，是尚大不惑。

局形識。

吹晒水乾，有源難竭。

情景習染，如龜連殼，到死不脱。前塵難去，後障日增。若要反本，必須功深力久。今不知自反而更以爲寶，不亦悲乎？毁性喪真，那箇尋問此事？狥物損真。

以後論大觀通識。

以明悟暗，人復其明，舉世通明矣。

至德感人。

則陽第二十五

則陽遊於楚，夷節言之於王，王未之見，夷節歸。彭陽見王果曰：「夫子何不譚我於王？」王果曰：「我不若公閱休。」彭陽曰：「公閱休奚爲者邪？」曰：「冬則擉觸、捉二音。鼈于江，夏則休乎山樊。有過而問者，曰：『此予宅也。』夫扶，下同。夷節已不能，而況我乎？吾又不若夷節。夫夷節之爲人也，無德而有知，智。不自許，以之神其交，固顛冥乎富貴之地。非相助以德，相助消也。夫凍者假衣於春，暍謁。者反冬乎冷風。夫楚王之爲人也，形尊而嚴。其於罪也，無赦如虎。非夫佞人正德，其孰能撓焉？故聖人，其窮也使家人忘其貧，其達也使王公忘爵祿而化卑。其於物也，與之爲娛矣；其於人也，樂洛。物之通而保己焉。故或不言而飲去聲。人以和，與人並立而使人化。父子之宜，彼其記。乎歸居，而一間閒。其所施。其於人心者，若是其遠也。故曰：待公閱休。」

聖人達綢繆，周盡一體矣，而不知其然，性也。復命搖作而以

聖人師天。
分願難盡。

自然洞達周遍。

賢人得道御物。
雖不化物，未能合天忘物也。
以此爲事未二也。
隨世備行，以合于道。
以我合彼二之矣。
運化行政，尹也。

天爲師，人則從而命之也。憂乎知，而所行恒無幾時，其有止也，若之何？生而美者，人與之鑑，不告則不知其美於人也。若知之，若不知之，若聞之，若不聞之，其可喜也終無已。人之好去聲。之亦無已，性也。聖人之愛人也，人與之名，不告則不知其愛人也。若知之，若不知之，若聞之，若不聞之，其愛人也終無已，人之安之亦無已，性也。舊國舊都，望之暢然。雖使丘陵草木之緡，人之者十九，猶之暢然。況見見聞聞者也？以十仞之臺縣玄。衆間者也。冉相氏得其環中以隨成，與物無終無始，無幾無時。日與物化者，一不化者也，闔嘗舍捨。之？夫師天而不得師天，與物皆殉。其以爲事也，若之何？夫聖人未始有天，未始有人，未始有始，未始有物，與世偕行而不替，所行之備而不洫，其合之也，若之何？湯得其司御，門尹登恒爲去聲，下同。之傅之。從師而不

盡心設教，孔也。日積成歲，散與合難。分有內，方有外，內外無間，總言上面三等，原是一箇道理。

囿。得其隨成，爲之司其名。之名嬴法，得其兩見。仲尼之盡慮，爲之傅之。容成氏曰：「除日無歲，無內無外。」

道本大同。

魏瑩與田侯牟約，田侯牟背佩。之。魏瑩怒，將使人刺之。犀首聞而耻之，曰：「君爲萬乘之君也，而以匹夫從讎。衍請受甲二十萬，爲君攻之，虜其人民，係其牛馬，使其君內熱發於背，然後拔其國。忌也出走，然後抶秩。其背，折其脊。」季子聞而耻之，曰：「築十仞之城，城者既十仞矣，則又壞怪。之，此胥靡之所苦也。今兵不起七年矣，此王之基也。衍，亂人，不可聽也。」華子聞而醜之，曰：「善言伐齊者，亂人也；善言勿伐者，亦亂人也；謂伐之與不伐亂人也者，又亂人也。」君曰：「然則若何？」曰：「君求其道而已矣。」惠子聞之，而見戴晉人。戴晉人曰：「有所謂蝸者，君知之乎？」曰：「然。」

見道者息爭。

「有國於蝸之左角者曰觸氏，有國於蝸之右角者曰蠻氏，時相與爭地而戰，伏尸數萬，逐北旬有五日而後反。」君曰：「噫，其虚言與？」餘。曰：「臣請爲君實之。君以意在四方上下有窮乎？」君曰：「無窮。」曰：「知遊心於無窮，而反在通達之國，若存若亡乎？」君曰：「然。」曰：「通達之中有魏，於魏中有梁，於梁中有王。王與蠻氏有辨乎？」君曰：「無辨。」客出，而君惝敞。然若有亡也。客出，惠子見。君曰：「客，大人也，聖人不足以當之。」惠子曰：「夫吹管也，猶有嗃呼洛反。也；吹劍首者，吷血。而已矣。堯舜，人之所譽也。道堯舜於戴晉人之前，譬猶一吷也。」

孔子之楚，舍於蟻丘之漿。其鄰有夫妻臣妾登極者，子路曰：「是稯稯總。何爲者邪？」仲尼曰：「是聖人僕也。是自埋於民，自藏於畔。其聲銷，其志無窮，其口雖言，其心未嘗言，方且與世違而心不屑與之俱，是陸沈者也。是其市南宜僚耶？」子路請往召之。孔子曰：「已矣。彼知丘之著於己也，知丘之適楚也，以丘爲必使楚王之召己也，彼且以丘爲佞人也。夫若然者，其於佞人也羞

得道者避世。

養要深造。

聞其言，而况親見其身乎？而何以爲存？」子路往視之，其室虛矣。

長梧封人問子牢曰：「君爲政焉勿鹵莽，治民焉勿滅裂。昔予爲禾，耕而鹵莽之，則其實亦鹵莽而報予；芸而滅裂之，其實亦滅裂而報予。予來年變齊，去聲。深其耕而熟耰之，其禾繁以滋，予終年厭飱。孫。」莊子聞之曰：「今人之治其形，理其心，多有似封人之所謂。遁其天，離去聲，下同。其性，滅其情，亡其神，以衆爲。故鹵莽其性者，欲惡去聲。之孽爲性，萑丸。葦蒹葭始萌，以扶吾形，尋擢吾性。並潰漏發，不擇所出，漂疽疥癰，内熱溲膏是也。」

柏矩學於老聃曰：「請之天下遊。」老聃曰：「已矣，天下猶是也。」又請之，老聃曰：「汝將何始？」曰：「始於齊。」至齊，見辜人焉，推而強之，解朝潮。服而幕之，號平聲。天而哭之，曰：「子乎，子乎，天下有大菑，子獨先離之，曰莫爲盜，莫爲殺人。榮辱立，然後覩所病；貨財聚，然後覩所爭。今立人之所病，聚人之所爭，窮困人之身，使無休時，欲無至此，得乎？古之君人者，以得爲在民，以失爲在己；以正爲在民，以枉爲在己。故一形有失其形者，退而

化先正己。

有分別。

原無分別。

道無分別。

不能入于無知，諉之自畫而無所逃，此則常見，皆以爲然也。

因是者聽人自爲，不作主宰。

濫，一作檻。

自責。今則不然。匿爲物而愚不識，大爲難而罪不敢，重爲任而罰不勝，升。遠其塗而誅不至。民知智。力竭，則以僞繼之。日出多僞，士民安取不僞？夫力不足則僞，知不足則欺，財不足則盜。盜竊之行，於誰責而可乎？」

蘧伯玉行年六十而六十化，未嘗不始於是之而卒詘之以非也。未知今之所謂是之，非五十九非也。萬物有乎生而莫見其根，有乎出而莫見其門。人皆尊其知之所知，而莫知恃其知之所不知而後知，可不謂大疑乎？已乎，已乎，且無所逃。此則所謂然與然乎？

仲尼問於太史大弢、伯常騫、狶韋曰：「夫衛靈公飲酒湛耽。樂，不聽國家之政；田獵畢弋，不應諸侯之際。其所以爲靈公者，何耶？」大弢曰：「是因是也。」伯常騫曰：「夫靈公有妻三人，同濫而浴，史鰌奉御而進所，搏幣而扶翼。其慢若彼之甚也，見賢人若此其肅也，是其所以爲靈公也。」狶韋曰：「夫靈公也死，卜葬於故墓，不吉；卜葬於沙丘而吉。掘之數仞，得石槨焉，洗而視之，

言靈公生成为靈，古來萬事皆天生，豈人能爲之乎？

無極則莫可比量。

有銘焉，曰：『不馮憑。其子，靈公奪而埋之。』夫靈公之爲靈也久矣，之二人何足以識之？」

少知問於太公調曰：「何謂丘里之言？」太公調曰：「丘里者，合十姓百名而以爲風俗也。合異以爲同，散同以爲異。今指馬之百體而不得馬，而馬係於前者，立其百體而謂之馬也。是故丘山積卑而爲高，江河合水而爲大，大人合并而爲公。是以自外入者，有主而不執；由中出者，有正而不距。四時殊氣，天不賜，故歲成；五官殊職，君不私，故國治；文武，大人不賜，故德備；萬物殊理，道不私，故無名。無名故無爲，無爲而無不爲。時有終始，世有變化。禍福淳淳，至有所拂者而有所宜。自殉殊面，有所正者有所差。比於大澤，百材皆度；觀乎大山，木石同壇。此之謂丘里之言。」少知曰：「然則謂之道，足乎？」太公調曰：「不然。今計物之數，不止於萬，而期曰萬物者，以數之多者號而讀之也。是故天地者，形之大者也；陰陽者，氣之大者也。道者爲之公。因其大以號而讀之則可也，已有之矣，乃將得比哉。則若以斯辯，譬猶狗馬，其不及遠矣。」少知曰：「四方之內，六合之裏，萬物之所生惡烏。起？」太公調曰：「陰陽相照、相蓋、相治，四時相代、相生、相殺。欲惡去聲。去就，於是橋居表反。起。雌雄片判。合，於是庸有。安危相易，禍福相生，緩急相摩，聚散以成。此名實之可紀，精之可志也。隨序之相理，橋運之相使，窮則反，終則始。此物之所有，言之所盡，知之所至，極物而已。覩道之人，不隨其所廢，不原其所起，此議之所止。」少知曰：「季真之莫爲，接子之或使，二家之議，孰正於其情？孰偏於其理？」太公調曰：「雞鳴狗吠，是人之所知。雖有大知，智。不能以言讀其所自化，又不能以意其所將爲。斯而析之，精至於無倫，大至於不可圍。或之使，莫之爲，未免於物而終以爲過。或使則實，莫爲則虛。有名有實，是物之居；無名無實，在物之虛。可言可意，言而愈疏。未生不可忌，已死不可阻。死生非遠也，理不可覩。或之使，莫之爲，疑之所假。吾觀之本，其往無窮；吾求之末，其來無止。無窮無止，言之無也，與物同理。或使莫爲，言之本也，與物終始。道不可有，有不可無。道之爲名，所假而行。或使莫爲，在物一曲，夫胡爲於大方？言而足，則終日言而盡道；言而不足，則終日言而盡物。道，物之極，言默不足以載。非言非默，議其有極。」

皆論至言。

南華真經題評卷之九

洪陽張位

雜篇

外物第二十六

外物不可必，故龍逢誅，比干戮，箕子狂，惡來死，桀紂亡。人主莫不欲其臣之忠，而忠未必信。故伍員云。流于江；萇弘死于蜀，藏其血，三年而化爲碧。人親莫不欲其子之孝，而孝未必愛，故孝己憂而曾參悲。木與木相摩則然，金與火相守則流。陰陽錯行，則天地大絯該、駭二音。於是乎有雷有霆，水中有火，乃焚大槐。有甚憂兩陷而無所逃，螴陳。蜳淳。不得成，心若縣玄，下同。於天地之間，慰暋昏。沉屯，利害相摩，生火甚多，衆人焚和，月固不勝火，於是乎有僓頹。然而道盡。

狗外無益。

造物相尅。

莊周家貧，故往貸粟於監河侯。監河侯曰：「諾。我將得邑

干謁釣利。

幹此等事還要弄文，可笑。

金，將貸子三百金，可乎？」莊周忿然作色曰：「周昨來，有中道而呼者。周顧視車轍，中有鮒附。魚焉。周問之曰：『鮒魚來，子何爲者邪？』對曰：『我，東海之波臣也。君豈有斗升之水而活我哉？』周曰：『諾。我且南遊吳越之王，激西江之水而迎子，可乎？』鮒魚忿然作色曰：『吾失我常與，我無所處。上聲。吾得斗升之水然活耳。君乃言此，曾不如早索先則反。我於枯魚之肆。』」

任壬。公子爲大鈎巨緇，五十犗界。以爲餌，蹲乎會稽，投竿東海，旦旦而釣，期朞。年不得魚。已而大魚食之，牽巨鈎，錎陷。没而下，騖揚而奮鬐，白波若山，海水震蕩，聲侔鬼神，憚赫千里。任公子得若魚，離而腊昔。之，自制河以東，蒼梧以北，莫不厭若魚者。已而後世輇權。才諷説之徒，皆驚而相告也。夫扶，下同。揭竿累，趨灌瀆，守鯢鮒，其於得大魚難矣。飾小説以干縣玄。令，其於大達亦遠矣。是以未嘗聞任氏之風俗，其不可與經於世亦遠矣。

儒以《詩》、《禮》發冢。大儒臚傳曰：「東方作矣，事之何若？」小儒曰：「未解裙襦，口中有珠。《詩》固有之曰：『青青之麥，生

《詩》、《書》盜儒。

矜智能。

於陵陂。生不布施，去聲。死何含珠爲？』接其鬢，壓乃協反。其顪，歲。儒以金椎控其頤，徐別彼列反。其頰，無傷口中珠。」

老萊子之弟子出薪，遇仲尼，反以告，曰：「有人於彼，脩上而趨促。下，末僂而後耳，視若營四海，不知其誰氏之子。」老萊子曰：「是丘也。召而來。」仲尼至，曰：「丘，去上聲，下同。汝躬矜與汝容知，斯爲君子矣。」仲尼揖而退，蹙然改容而問曰：「業可得進乎？」老萊子曰：「夫不忍一世之傷，而鶩傲。萬世之患，抑固窶耶？亡其略弗及邪？惠以歡爲鶩，終身之醜，中民之行去聲，下同。進焉耳。相引以名，相結以隱。與其譽餘。堯而非桀，不如兩忘而閉其所譽。反無非傷也，動無非邪也。聖人躊躇以興事，以每成功。柰何哉，其載焉終矜爾？」

宋元君夜半而夢人被髮闚阿門，曰：「予自宰路之淵，予爲清江使去聲。河伯之所，漁者余且音預疽。得予。」元君覺，教。使人占之，曰：「此神龜也。」君曰：「漁者有余且乎？」左右曰：「有。」君曰：「令平聲。余且會朝。」潮，下同。明日，余且朝。君曰：「漁何

知不謀身。

得？」對曰：「且之網得白龜焉，箕圓五尺。」君曰：「獻若之龜。」龜至，君再欲殺之，再欲活之，心疑，卜之，曰：「殺龜以卜吉。」乃刳龜，七十二鑽而無遺筴。（策。）仲尼曰：「神龜能見（現。）夢於元君，而不能避余且之網；知能七十二鑽而無遺筴，不能避刳腸之患。如是，則知（智，下同。）有所困，神有所不及也。雖有至知，萬人謀之。魚不畏網而畏鵜鶘。（音啼胡。）去小知而大知明，去善而自善矣。嬰兒生，無石師而能言，與能言者處也。」

惠子謂莊子曰：「子言無用。」莊子曰：「知無用而始可與言用矣。夫地非不廣且大也，人之所用容足耳。然則廁（側。）足而塹（店。）之致黃泉，人尚有用乎？」惠子曰：「無用。」莊子曰：「然則無用之爲用也亦明矣。」莊子曰：「人有能遊，且得不遊乎？人而不能遊，且得遊乎？夫流遁之志，決絶之行，噫，其非至知厚德之任與？（餘。）覆墜而不反，火馳而不顧，雖相與爲君臣，時也，易世而無以相賤。故曰：至人不留行焉。夫尊古而卑今，學者之流也。且以狶韋氏之流觀今之世，夫孰能不波？唯至人乃能遊於世而不

愈學愈遠。

僻，順人而不失己。彼教不學，承意不彼。目徹爲明，耳徹爲聰，鼻徹爲顫，一作鸇。口徹爲甘，心徹爲知，知徹爲德。凡道不欲壅，壅則哽，哽而不止則跈，跈則衆害生。物之有知者恃息，其不殷，非天之罪。天之穿之，日夜無降，人則顧塞入聲。其竇。胞有重閬，心有天遊。室無空虛，則婦姑勃谿；奚。心無天遊，則六鑿相攘。大林丘山之善於人也，亦神者不勝。德溢乎名，名溢乎暴，謀稽乎誸，賢。知出乎爭，柴生乎守，官事果乎衆宜。春雨日時，草木怒生，銚七遥反。鎒乃豆反。於是乎始修，草木之到植者過半而不知其然。靜然可以補病，眥搣音剪滅。可以休老，寧可以止遽。雖然，若是勞者之務也，非佚者之所未嘗過而問焉。聖人之所以駴戒。天下，神人未嘗過而問焉；賢人所以駴世，聖人未嘗過而問焉；君子所以駴國，賢人未嘗過而問焉；小人所以合時，君子未嘗過而問焉。演門有親死者，以善毁爵爲官師，其黨人毁而死者半。堯與許由天下，許由逃之；湯與務光，務光怒之。紀他跎。聞之，帥弟子而踆存。於窾款。水，諸侯弔之。三年，申徒狄因以踣河。荃

異行曰淪，在得意忘言爲貴也。

者所以在魚，得魚而忘荃；蹄者所以在兔，得兔而忘蹄；言者所以在意，得意而忘言。吾安得夫忘言之人而與之言哉？」

重言可以止浮，倘無足重，首倡奚爲？如人無耆艾之實也。

禪機不可執亦此類。

種同一氣。

寓言第二十七

寓言十九，重言十七，巵言日出，和以天倪。寓言十九，藉外論之。親父不爲其子媒。親父譽（餘。）之，不若非其父者也。非吾罪也，人之罪也。與己同則應，不與己同則反。同於己爲是之，異於己爲非之。重言十七，所以已言也，是爲耆艾。年先矣，而無經緯本末以期年耆者，是非先也。人而無以先人，無人道也。人而無人道，是之謂陳人。巵言日出，和以天倪，因以曼（萬。）衍，所以窮年。不言則齊，齊與言不齊，言與齊不齊也，故曰無言。言無言，終身言，未嘗言；終身不言，未嘗不言。有自也而可，有自也而不可；有自也而然，有自也而不然。惡（烏，下同。）乎然？然於然；惡乎不然？不然於不然。惡乎可？可於可；惡乎不可？不可於不可。物固有所然，物固有所可。無物不然，無物不可。非巵言日出，和以天倪，孰得其久？萬物皆種（上聲。）也，以不同形相禪，（去聲。）始卒若環，莫得其倫，是謂天均。天均者，天倪也。

勤志以遏服智慮，故能化也。

莊謂孔子但謝絶言語，而無言之妙，孔子不能，惟當可而發，服人之口而已。若使人心服不違，以立定天下，此人已矣乎不可得見，吾不能及也。

無所懸係，則無哀而豐約一視也。

必須九年。

生而學死，有自入也；死而復生，陽乃自然而然，無自入也。

莊子謂惠子曰：「孔子行年六十而六十化，始時所是，卒而非之，未知今之所謂是之非五十九非也。」惠子曰：「孔子勤志服知也。」莊子曰：「孔子謝之矣，而其未之嘗言。孔子云：『夫扶，下同。受才乎大本，復靈以生。鳴而當去聲，下同。律，言而當法。利義陳乎前，而好惡並去聲。是非直服人之口而已矣。使人乃以心服，而不敢蘁悟。立，定天下之定。』已乎，已乎，吾且不得及彼乎。」

曾子再仕而心再化，曰：「吾及親仕，三釜而心樂；洛。後仕，三千鍾不洎，吾心悲。」弟子問於仲尼曰：「若參者，可謂無所縣玄，下同。其罪乎？」曰：「既已縣矣。夫無所縣者，可以有哀乎？彼視三釜、三千鍾，如觀一作鸛。雀蚊虻相過乎前也。」

顏成子游謂東郭子綦曰：「自吾聞子之言，一年而野，二年而從，三年而通，四年而物，五年而來，六年而鬼入，七年而天成，八年而不知死、不知生，九年而大妙。生有爲，死也。勸公，以其死也，有自也；而生，陽也，無自也。而果然乎？惡乎其所適？惡乎其所不適？天有歷數，地有人據，吾惡乎求之？莫知其所終，若之

滅而有實，與死而不亡皆此意，殆不可執着也。

幻景如此，總是業識妄心。

精神外炫。

同塵。

何其無命也？莫知其所始，若之何其有命也？有以相應也，若之何其無鬼耶？無以相應也，若之何其有鬼邪？」

衆罔兩問於景影。曰：「若向也俯而今也仰，向也括而今也被髮，向也坐而今也起，向也行而今也止，何也？」景曰：「叟叟也，奚稍問也。予有而不知其所以。予，蜩甲也，蛇蜕也，似之而非也。火與日，吾屯也；陰與夜，吾代也。彼，吾所以有待邪？而况乎以有待者乎？彼來則我與之來，彼徃則我與之徃，彼強陽則我與之強陽。強陽者，又何以有問乎？」

陽子居南之沛，老聃西遊於秦，邀於郊，至於梁而遇老子。老子中道仰天而歎曰：「始以汝爲可教，今不可也。」陽子居不答。至舍，進盥漱巾櫛，脱屨户外，膝行而前，曰：「向者弟子欲請夫子，夫子行不間，是以不敢。今間矣，請問其過。」老子曰：「而睢睢盱盱，虚。而誰與居？大白若辱，盛德若不足。」陽子居蹙然變容曰：「敬聞命矣。」其徃也，舍者迎將，其家公執席，妻執巾櫛，舍者避席，煬者避竈。其反也，舍者與之爭席矣。

讓王第二十八

堯以天下讓許由，許由不受。又讓於子州支父，甫，下同。子州支父曰：「以我爲天子，猶之可也。雖然，我適有幽憂之病，方且治之，未暇治天下也。」夫夫，下同。天下至重也，而不以害其生，又況他物乎？唯無以天下爲者，可以託天下也。舜讓天下於子州支伯，子州支伯曰：「予適有幽憂之病，方且治之，未暇治天下也。」故天下大器也，而不以易生。此有道者之所以異乎俗者也。舜以天下讓善卷，善卷曰：「余立於宇宙之中，冬日衣去聲，下同。皮毛，夏日衣葛絺。春耕種，形足以勞動；秋收斂，身足以休食。日出而作，日入而息，逍遥於天地之間，而心意自得。吾何以天下爲哉？悲夫，子之不知余也。」遂不受。於是去而入深山，莫知其處。舜以天下讓其友石户之農，石户之農曰：「捲捲權。乎后之爲人，葆力之士也。」以舜之德爲未至也，於是夫負妻戴，携子以入於海，終身不反也。

大泰，下同。王亶父居邠，狄人攻之。事之以皮帛而不受，事之以犬馬而不受，事之以珠玉而不受。狄人之所求者，土地也。大王亶父曰：「與人之兄居而殺其弟，與人之父居而殺其子，吾不忍也。子皆勉居矣，爲吾臣與爲狄人臣奚以異？且吾聞之：不以所用養害所養。」因杖筴策。而去之。民相連而從之。遂成國於岐山之下。夫大王亶父，可謂能尊生矣。能尊生者，雖富貴不以養傷身，雖貧賤不以利累形。今世之人居高官尊爵者，皆重失之。見利輕亡其身，豈不惑哉？

越人三世弑其君，王子搜患之，逃乎丹穴。而越國無君，求王子搜不得，從之丹穴。王子搜不肯出，越人薰之以艾。乘以王輿。王子搜援綏登車，仰天而呼去聲。曰：「君乎君乎，獨不可以舍捨。我乎？」王子搜非惡去聲，下同。爲君也，惡爲君之患也。若王子搜者，可謂不以國傷生矣。此固越人之所欲得爲君也。

韓魏相與爭侵地。子華子見昭僖侯，昭僖侯有憂色。子華子曰：「今使天下書銘於君之前，書之言曰：『左手攫之則右手廢，右手攫之則左手廢。然而攫之者必有天下。』君能攫之乎？」昭僖侯曰：「寡人不攫也。」子華子曰：「甚善。自是觀之，兩臂重於天下也，身亦重於兩臂。韓之輕於天下亦遠矣。今之所爭者，其輕於韓又遠。君固愁身傷生以憂戚不得也。」僖侯曰：「善哉。教寡人者衆矣，未嘗得聞此言也。」子華子可謂知輕重矣。

魯君聞顔闔得道之人也，使人以幣先焉。顔闔守陋閭，苴布之衣，而自飯上聲。牛。魯君之使去聲，下同。者至，顔闔自對之。使者曰：「此顔闔之家與？」餘。顔闔對曰：「此闔之家也。」使者致幣。顔闔對曰：「恐聽者謬而遺去聲，下同。使者罪，不若審之。」使者還，反審之，復扶，又反。來求之，則不得已。故若顔闔者，真惡富貴也。故曰：道之真以治身，其緒餘以爲國家，其土羅雅反。苴側雅反。以治天下。由此觀之，帝王之功，聖人之餘事也，非所以完身養生也。今世俗之君子，多危身棄生以殉物，豈不悲哉？凡聖人之動作也，必察其所以之與其所以爲。今且有人於此，以隨侯之珠彈千仞之雀，世必笑之。是何也？則其所用者重而所要平聲。者輕也。夫生者，豈特隨侯之重哉？

子列子窮，容貌有飢色。客有言之於鄭子陽者，曰：「列禦寇，蓋有道之士也。居君之國而窮，君無乃爲不好去聲。士乎？」鄭子陽即令平聲。官遺之粟。子列子見使者，再拜而辭。使者去，子列子入，其妻望之而拊心曰：「妾聞爲有道者之妻子，皆得佚樂。洛，下同。今有飢色，君過而遺先生食，先生不受，豈不命邪？」子列子笑，謂之曰：「君非自知我也。以人之言而遺我粟，至其罪我也又且以人之言，此吾所以不受也。」其卒，民果作難去聲，下同。而殺子陽。

楚昭王失國，屠羊說悦，下同。走而從於昭王。昭王反國，將賞從去聲。者，及屠羊說。屠羊說曰：「大王失國，說失屠羊；大王反國，說亦反屠羊。臣之爵祿已復矣，又何賞之有？」王曰：「強上聲。之。」屠羊說曰：「大王失國，非臣之罪，故不敢伏其誅；大王反國，非臣之功，故不敢當其賞。」王曰：「見現，下同。之。」屠羊說曰：「楚國之法，必有重賞大功而後得見。今臣之知智。不足以存國，而勇不足以死寇。吳軍入郢，說畏難而避寇，非故隨大王也。

今大王欲廢法毀約而見説，此非臣之所以於聞天下也。」王謂司馬子綦曰：「屠羊説居處上聲。卑賤而陳義甚高，子其爲去聲。我延之以三旌之位。」屠羊説曰：「夫三旌之位，吾知其貴於屠羊之肆也；萬鍾之禄，吾知其富於屠羊之利也。然豈可以貪爵禄而使吾君有妄施去聲。之名乎？説不敢當，願復反吾屠羊之肆。」遂不受也。

原憲居魯，環堵之室，茨以生草，蓬户不完，桑以爲樞，而甕牖二室，褐以爲塞，上漏下濕，匡坐而弦。子貢乘大馬，中紺而表素，軒車不容巷，往見原憲。原憲華胡化反。冠縰履，杖藜而應門。子貢曰：「嘻，先生何病？」原憲應之曰：「憲聞之：無財謂之貧，學而不能行謂之病。今憲，貧也，非病也。」子貢逡巡而有愧色。原憲笑曰：「夫希世而行，比毗志反。周而友，學以爲去聲，下同。人，教以爲己，仁義之慝，輿馬之飾，憲不忍爲也。」

曾子居衛，緼袍無表，顔色腫噲，手足胼胝。音駢祇。三日不舉火，十年不製衣。正冠而纓絶，捉衿而肘見，現。納屨而踵決。曳縰而歌《商頌》，聲滿天地，若出金石。天子不得臣，諸侯不得友。

故養志者忘形，養形者忘利，致道者忘心矣。

孔子謂顔回曰：「回，來。家貧居卑，胡不仕乎？」顔回對曰：「不願仕。回有郭外之田五十畝，足以給飦之然反。粥；郭內之田十畝，足以爲絲麻。鼓琴，足以自娛；所學夫子之道者，足以自樂也。回不願仕。」孔子愀然變容，曰：「善哉，回之意。丘聞之：『知足者，不以利自累也；審自得者，失之而不懼；行去聲。修於內者，無位而不怍。』丘誦之久矣，今於回而後見之，是丘之得也。」

中山公子牟謂瞻子曰：「身在江海之上，心居乎魏闕之下，柰何？」瞻子曰：「重生。重生則利輕。」中山公子牟曰：「雖知之，未能勝也。」瞻子曰：「不能自勝則從，神無惡去聲。乎？不能自勝而強上聲。不從者，此之謂重傷。重傷之人，無壽類矣。」魏牟，萬乘去聲。之公子也，其隱巖穴也，難爲於布衣之士，雖未至乎道，可謂有其意矣。

孔子窮於陳蔡之間，七日不火食，藜羹不糝，素感反。顔色甚憊，而弦歌於室。顔回擇菜，子路、子貢相與言曰：「夫子再逐於魯，削迹於衛，伐樹於宋，窮於商周，圍於陳蔡。殺夫子者無罪，藉夫子者無禁。弦歌鼓琴，未嘗絶音，君子之無耻也若此乎？」顔回無以應，入告孔子。孔子推吐雷反，下同。琴，喟然而嘆曰：「由與賜，細人也。召而來，吾語去聲。之。」子路、子貢入。子路曰：「如此者，可謂窮矣。」孔子曰：「是何言也？君子通於道之謂通，窮於道之謂窮。今丘抱仁義之道以遭亂世之患，其何窮之爲？故内省而不窮於道，臨難而不失其德。天寒既至，霜雪既降，吾是以知松柏之茂也。陳蔡之隘，厄。於丘其幸乎。」孔子削然反琴而弦歌，子路扢許訖反。然執干而舞。子貢曰：「吾不知天之高也，地之下也。」古之得道者，窮亦樂，通亦樂，所樂非窮通也。道德於此，則窮通爲寒暑風雨之序矣。故許由娛户於潁陽，而共恭。伯得乎共一作丘。首。

舜以天下讓其友北人無擇，北人無擇曰：「異哉，后之爲人也，居於畎畝之中，而遊堯之門。不若是而已，又欲以其辱行去聲，下同。漫我。吾羞見之。」因自投清泠之淵。

湯將伐桀，因卞隨而謀，卞隨曰：「非吾事也。」湯曰：「孰可？」曰：「吾不知也。」湯又因瞀務。光而謀，瞀光曰：「非吾事也。」湯曰：「孰可？」曰：「吾不知也。」湯曰：「伊尹何如？」曰：「強力忍垢，吾不知其他也。」湯遂與伊尹謀伐桀，尅之。以讓卞隨，卞隨辭曰：「后之伐桀也謀乎我，必以我爲賊也；勝桀而讓我，必以我爲貪也。吾生乎亂世，而無道之人再來漫我以其辱行，吾不忍數朔。聞也。」乃自投椆稠，或又作桐。水而死。

湯又讓瞀光，曰：「知智。者謀之，武者遂之，仁者居之，古之道也。吾子胡不立乎？」瞀光辭曰：「廢上，非義也；殺民，非仁也。人犯其難，我享其利，非廉也。吾聞之曰：非其義者，不受其祿；無道之世，不踐其土。況尊我乎？吾不忍久見也。」乃負石而自沉於廬水。

昔周之興，有士二人處上聲。於孤竹，曰伯夷、叔齊。二人相謂曰：「吾聞西方有人，似有道者，試往觀焉。」至於岐陽，武王聞之，使叔旦往見之，與之盟曰：「加富二等，就官一列。」血牲而埋之。

二人相視而笑，曰：「嘻，異哉，此非吾所謂道也。昔者神農之有天下也，時祀盡敬而不祈喜。其于人也，忠信盡治而無求焉。樂與政爲政，樂與治爲治。不以人之壞自成也，不以人之卑自高也，不以遭時自利也。今周見殷之亂而遽爲政，上謀而下行貨，阻兵而保威，割牲而盟以爲信，揚行以說悦。衆，殺伐以要平聲。利，是推亂以易暴也。吾聞古之士，遭治世不避其任，遇亂世不爲苟存。今天下闇，周德衰，其並乎周以塗吾身也，不如避之，以潔吾行。」二子北至於首陽之山，遂餓而死焉。若伯夷叔齊者，其於富貴也，苟可得已，則必不賴。高節戾行，獨樂其志，不事於世。此二士之節也。

盗跖第二十九

孔子與柳下季爲友，柳下季之弟名曰盗跖。盗跖從去聲。卒九千人，横行天下，侵暴諸侯，穴室樞户，驅人牛馬，取人婦女，貪得忘親，不顧父母兄弟，不祭先祖。所過之邑，大國守城，小國入保，萬民苦之。孔子謂柳下季曰：「夫扶。爲人父者，必能詔其子；爲人兄者，必能教其弟。若父不能詔其子，兄不能教其弟，則無貴父子兄弟之親矣。今先生，世之才士也，弟爲盗跖，爲天下害，而弗能教也，丘竊爲去聲，下同。先生羞之。丘請爲先生往説税。之。」柳下季曰：「先生言爲人父者必能詔其子，爲人兄者必能教其弟，若子不聽父之詔，弟不受兄之教，雖今先生之辯，將柰之何哉？且跖之爲人也，心如涌泉，意如飄風，强足以拒敵，辯足以飾非。順其心則喜，逆其心則怒，易異。辱人以言。先生必無往。」孔子不聽，顔回爲馭，子貢爲右，往見盗跖。盗跖乃方休卒徒太山之陽，膾人肝而餔之。孔子下車而前，見謁者曰：「魯人孔丘，聞將軍高義，敬再拜謁者。」謁者入通。盜跖聞之大怒，目如明星，髮上指冠，曰：「此夫魯國之巧僞人孔丘非邪？爲去聲，下同。我告之：爾作言造語，妄稱文武，冠去聲。枝木之冠，帶死牛之脅，多辭繆説，不耕而食，不織而衣，摇脣鼓舌，擅生是非，以迷天下之主，使天下學士不反其本，妄作孝弟而徼倖於封侯富貴者也。子之罪大極重，疾走歸。不然，我將以子肝益晝餔之膳。」孔子復扶又反，下同。通曰：「丘得幸於季，願望履幕下。」謁者復通。盜跖曰：「使來前。」孔子趨而進，避席反走，再拜盜跖。盜跖大怒，兩展其足，案劍瞋嗔。目，聲如乳虎，曰：「丘來前。若所言，順吾意則生，逆吾心則死。」孔子曰：「丘聞之，凡天下有三德：生而長大，美好無雙，少去聲。長上聲。貴賤見而皆説悦，下同。之，此上德也；知智。維天地，能辨諸物，此中德也；勇悍果敢，聚衆率兵，此下德也。凡人有此一德者，足以南面稱孤矣。今將軍兼此三者，身長八尺二寸，面目有光，脣如激丹，齒如齊貝，音中去聲。黄鍾，而名曰盜跖，丘竊爲將軍耻不取焉。將軍有意聽臣，臣請南使去聲，下同。吳越，北使齊魯，東使宋衛，西使晉楚，使爲將軍造大城數百里，立數十萬户之邑，尊將軍爲諸侯，與天下更庚。始，罷兵休卒，收養昆弟，共恭。祭先祖。此聖人才士之行，去聲，下同。而天下之願也。」盜跖大怒曰：「丘來前。夫扶。可規以利而可諫以言者，皆愚陋恒民之謂耳。今長大美好，人見而說之者，此吾父母之遺德也。丘雖不吾譽，餘，下同。吾獨不自知邪？且吾聞之，好去聲，下同。面譽人者，亦好背而毀之。今丘告我以大城衆民，是欲規我以利而恒民畜我也，安可長久也？城之大者，莫大乎天下矣。堯舜有天下，子孫無置錐之地；湯武立爲天子，而後世絶滅。非以其利大故邪？且吾聞之，古者禽獸多而人民少，於是民皆巢居以避之，晝拾橡栗，暮棲木上，故命之曰有巢氏之民。古者民不知衣服，夏多積薪，冬則煬之，故命之曰知生之民。神農之世，卧則居居，起則于于。民知其母，不知其父，與麋鹿共處，上聲。耕而食，織而衣，無有相害之心。此至德之隆也。然而黃帝不能致德，與蚩尤戰於涿鹿之野，流血百里。堯舜作，立群臣，湯放其主，武王殺弑。紂。自是之後，以強凌弱，以衆暴寡。湯武以來，皆亂人之徒也。今子修文武之道，掌天下之辯，以教後世。縫衣淺帶，矯言僞行，以迷惑天下之主，而欲求富貴焉。盜莫大於子，天下何故不謂子爲盜丘，而乃謂我爲盜跖？子以甘辭說子路而使從之，使子路去其危冠，解其長劍，而受教於子。天下皆曰孔丘能止暴禁非。其卒之也，子路欲殺衛君而事不成，菹於衛東門之上，是子教之不至也。子自謂才士聖人邪，則再逐於魯，削跡於衛，窮於齊，圍於陳蔡，不容身於天下。子教子路菹此患，上無以爲身，下無以爲人，子之道豈足貴邪？世之所高，莫若黄帝。黄帝尚不能全德，而戰涿鹿之野，流血百里。堯不慈，舜不孝，禹偏枯，湯放其主，武王伐紂，文王拘羑里。此六子者，世之所高也。孰論之，皆以利惑其真而強反其性情，其行乃甚可羞也。世之所謂賢士，伯夷、叔齊，辭孤竹之君而餓死於首陽之山，骨肉不葬。鮑焦飾行非世，抱木而死。申徒狄諫而不聽，負石自投於河，爲魚鼈所食。介子推至忠也，自割其股以食嗣。文公。文公後背佩。之，子推怒而去，抱木而燔死。尾生與女子期於梁下，女子不來，水至不去，抱梁柱而死。此六子者〔一〕，無異於磔竹客反。犬流豕、操平聲，下同。瓢而乞者，皆離去聲。名輕死，不念本養壽命者也。世之所謂忠臣者，莫若王子比干、伍子胥。子胥沉江，比干剖心。此二子者，世謂忠臣也，然卒爲天下笑。自上觀之，至于子胥、比干，皆不足貴也。丘之所以說我者，若告我以鬼事，則我不能知也；若告我以人事者，不過此矣，皆吾所聞知也。今吾告子以人之情：目欲視色，耳欲聽聲，口欲察味，志氣欲盈。人上壽百歲，中壽八十，下壽六十，除病瘦死喪憂患，其中開口而笑者，一月之中不過四五日而已矣。天與地無窮，人死者有時。操有時之具，而託於無窮之間，忽然無異騏驥之馳過隙也。不能說其志意、養其壽命者，皆非通道者也。丘之所言，皆吾之所棄也。亟去走歸，無復言之。子之道，狂狂汲汲，詐巧虛僞事也，非可以全真也，奚足論哉？」孔子再拜趨走，出門上上聲。車，執轡三失，目芒然無見，色若死灰，據軾低頭，不能出氣。歸到魯東門外，適遇柳下季。柳下季曰：「今者闕然，數日不見，車馬有行色，得微往見跖邪?」孔子仰天而嘆曰:「然。」柳下季曰:「跖得無逆汝意若前乎?」孔子曰:「然。丘所謂無病而自灸也。疾走料虎頭,編虎須,幾平聲。不免虎口哉。」

子張問於滿苟得曰:「盍不爲行?無行則不信,不信則不任,不任則不利。故觀之名,計之利,而義真是也。若棄名利,反之於心,則夫士之爲行,不可一日不爲乎。」滿苟得曰:「無恥者富,多信者顯。夫名利之大者,幾在無恥而信。故觀之名,計之利,而信真是也。若棄名利,反之於心,則夫士之爲行,抱其天乎。」子張曰:「昔者桀紂貴爲天子,富有天下。今謂臧聚曰:汝行如桀紂,則有怍色,有不服之心者,小人所賤也。仲尼、墨翟,窮爲匹夫,今謂宰相曰:子行如仲尼、墨翟,則變容易色,稱不足者,士誠貴也。故勢爲天子,未必貴也;窮爲匹夫,未必賤也。貴賤之分,在行之美惡。」滿苟得曰:「小盜者拘,大盜者爲諸侯。諸侯之門,義士存焉。昔者桓公小白殺兄入嫂,而管仲爲臣;田成子常弑君竊國,而孔子受幣。論則賤之,行則下之,則是言行之情悖戰於胸中也,不亦拂乎？故《書》曰：『孰惡孰美？成者爲首，不成者爲尾。』」子張曰：「子不爲行，即將疏戚無倫，貴賤無義，長幼無序。五紀六位，將何以爲別必列反，下同。乎？」滿苟得曰：「堯殺長上聲，下同。子，舜流母弟，疏戚有倫乎？湯放桀，武王殺紂，貴賤有義乎？王季爲適，嫡。周公殺兄，長幼有序乎？儒者僞辭，墨者兼愛，五紀六位，將有別乎？且子正爲名，我正爲利。名利之實，不順於理，不監於道。吾日與子訟於無約，曰：『小人殉利，君子殉名。其所以變其情、易其性，則異矣。乃至於棄其所爲，而殉其所不爲，則一也。』故曰：無爲小人，反殉而天；無爲君子，從天之理。若枉若直，相爲天極。面觀四方，與時消息。若是若非，執而圓機。獨成而意，與道徘徊。無轉而行，無成而義，將失而所爲。無赴而富，無殉而成，將棄而天。比干剖心，子胥抉烏穴反。眼，忠之禍也；直躬證父，尾生溺死，信之患也；鮑子立乾，干。申子不自理，廉之害也；孔子不見母，匡子不見父，義之失也。此上世之所傳，下世之所語。以爲士者，正其言，必其行，故服其殃，離其患也。」

無足問於知和曰：「人卒未有不興名就利者。彼富則人歸之，歸則下之，下則貴之。夫見下貴者，所以長生安體樂洛，下同。意之道也。今子獨無意焉，知智。不足邪？意知而力不能行耶？故推正不忘耶？」知和曰：「今夫此人，以爲與己同時而生、同鄉而處上聲。者，以爲夫絶俗過世之士焉。是專無主正，所以覽古今之時，是非之分也。與俗化世去至重，棄至尊，以爲其所爲也。此其所以論長生安體樂意之道，不亦遠乎？慘怛之疾，恬愉之安，不監於體；怵惕之恐，欣懽之喜，不監於心。知爲爲而不知所以爲。是以貴爲天子，富有天下，而不免於患也。」無足曰：「夫富之於人，無所不利。窮美究勢，至人之所不得逮，聖人之所不能及。俠人之勇力而以爲威強，秉人之知智。謀以爲明察，因人之德以爲賢良，非享國而嚴若君父。且夫聲色滋味權勢之於人，心不待學而樂之，體不待象而安之。夫欲惡避就，固不待師，此人之性也。天下雖非我，孰能辭之？」知和曰：「知智。者之爲，故動以百姓，不違其度，是以足而不爭。無以爲，故不求。不足，故求之，爭四處而不自以爲貪；有餘，故辭之，棄天下而不自以爲廉。廉貪之實，非以迫外也，反監之度。勢爲天子而不以貴驕人，富有天下而不以財戲人。計其患，慮其反，以爲害於性，故辭而不受也，非以要平聲。名譽也。堯舜爲帝而雍，非仁天下也，不以美害生也；善卷、許由得帝而不受，非虛辭讓也，不以事害己也。此皆就其利，辭其害，而天下稱賢焉，則可以有之，彼非以興名譽也。」無足曰：「必持其名，苦體絶甘，約養以持生，則亦久病長阨而不死者也。」知和曰：「平爲福，有餘爲害者，物莫不然，而財其甚者也。今富人，耳營鐘鼓管籥之聲，口嗛苦簟反。於芻豢醪醴之味，以感其意，遺忘其業，可謂亂矣；侅礙。溺於馮憒，下同。氣，若負重行而上也，可謂苦矣；貪財而取慰，貪權而取竭，靜居則溺，體澤則馮，可謂疾矣；爲欲富就利，故滿若堵耳而不知避，且馮憑。而不舍，捨，下同。可謂辱矣；財積而無用，服膺而不舍，滿心戚醮，求益而不止，可謂憂矣；内則疑刦劫。請之賊，外則畏寇盗之害，内周樓疏，外不敢獨行，可謂畏矣。此六者，天下之至害也，皆遺忘而不知察。及其患至，求盡性竭財，單丹。以反一日之無故而不可得也。故觀之名則不見，求之利則不得。繚意絶體而爭此，不亦惑乎？」

校勘記

〔一〕「此六子者」，原作「此四子者」，世德堂本作「此四者」，據《道藏》本改。

南華真經題評卷之十

洪陽張位

雜篇

説劍第三十 通篇一意。

昔趙文王喜劍，劍士夾門而客三千餘人，日夜相擊於前，死傷者歲百餘人，好去聲，下同。之不厭。如是三年，國衰，諸侯謀之。太子悝患之，募左右曰：「孰能悦王之意止劍士者，賜之千金。」左右曰：「莊子當能。」太子乃使人以千金奉莊子。莊子弗受，與使去聲。者俱，往見太子曰：「太子何以教周，賜周千金？」太子曰：「聞夫子明聖，謹奉千金以幣從去聲。者。夫子弗受，悝尚何敢言？」莊子曰：「聞太子所欲用周者，欲絶王之喜好也。使臣上説税。大王而逆王意，下不當去聲。太子，則身刑而死，周尚安所事金乎？使臣上説大王，下當太子，趙國何求而不得也？」太子曰：

「然。吾王所見，唯劍士也。」莊子曰：「諾。周善爲劍。」太子曰：「然吾王所見劍士，皆蓬頭突鬢垂冠，曼胡之纓，短後之衣，瞋目而語難，去聲，下同。王乃悦之。今夫子必儒服而見王，事必大逆。」莊子曰：「請治劍服。」治劍服三日，乃見太子。太子乃與見王。王脱白刃待之。莊子入殿門不趨，見王不拜。王曰：「子欲何以教寡人，使太子先？」曰：「臣聞大王喜劍，故以劍見王。」王曰：「子之劍何能禁制？」曰：「臣之劍，十步一人，千里不留行。」王大悦，曰：「天下無敵矣。」莊子曰：「夫爲劍者，示之以虚，開之以利，後之以發，先之以至。願得試之。」王曰：「夫子休，就舍待命，令設戲請夫子。」王乃校劍士七日，死傷者六十餘人，得五六人，使奉劍於殿下，乃召莊子。王曰：「今日試使士敦劍。」莊子曰：「望之久矣。」王曰：「夫子所御杖，長短何如？」曰：「臣之所奉皆可。然臣有三劍，唯王所用，請先言而後試。」王曰：「願聞三劍。」曰：「有天子劍，有諸侯劍，有庶人劍。」王曰：「天子之劍何如？」曰：「天子之劍，以燕平聲。谿、石城爲鋒，齊岱爲鍔，晉魏爲脊，周宋爲鐔，淫、尋二音。韓魏爲鋏。包以四夷，裹以四時。繞以渤海，帶以常山。制以五行〔二〕，論以刑德。開以陰陽，持以春夏，行以秋冬。此劍，直之無前，舉之無上，案之無下，運之無旁，上決浮雲，下絶地紀。此劍一用，匡諸侯，天下服矣。此天子之劍也。」文王芒然自失，曰：「諸侯之劍何如？」曰：「諸侯之劍，以知智。勇士爲鋒，以清廉士爲鍔，以賢良士爲脊，以忠直士爲鐔，以豪傑士爲鋏。此劍，直之亦無前，舉之亦無上，案之亦無下，運之亦無旁。上法圓天以順三光，下法方地以順四時，中知民意以安四鄉。此劍一用，如雷霆之震也，四封之内，無不賓服而聽從君命者矣。此諸侯之劍也。」王曰：「庶人之劍何如？」曰：「庶人之劍，蓬頭突鬢垂冠，曼胡之纓，短後之衣，瞋目而語難。相擊於前，上斬頸領，下決肝肺。此庶人之劍。無異於鬭雞，一旦命已絶矣，無所用於國事。今大王有天子之位而好庶人之劍，臣竊爲去聲。大王薄之。」王乃牽而上上聲，下同。殿，宰人上食，王三環之。莊子曰：「大王安坐定氣，劍事已畢奏矣。」於是文王不出宫三月，劍士皆服斃其處也。

校勘記

〔一〕「制」，原作「剌」，據《道藏》本、世德堂本改。

漁父第三十一 通篇一段問答。

孔子遊乎緇帷之林，休坐乎杏壇之上。弟子讀書，孔子弦歌鼓琴。奏曲未半，有漁父者，下船而來，鬚眉交白，被髮揄遥。袂，行原以上，上聲。距陸而止，左手據膝，右手持頤以聽。曲終，而招子貢、子路，二人俱對。客指孔子曰：「彼何爲者也？」子路對曰：「魯之君子也。」客問其族。子路對曰：「族孔氏。」客曰：「孔氏者，何治也？」子路未應，子貢對曰：「孔氏者，性服忠信，身行仁義，飾禮樂，選人倫。上以忠於世主，下以化於齊民，將以利天下。此孔氏之所治也。」又問曰：「有土之君與？」餘，下同。子貢曰：「非也。」「侯王之佐與？」子貢曰：「非也。」客乃笑而還行，言曰：「仁則仁矣，恐不免其身。苦心勞形以危其真。嗚呼，遠哉，其分於道也。」子貢還，報孔子。孔子推吐雷反。琴而起，曰：「其聖人與。」乃下求之。至於澤畔，方將杖拏女房反。而引其船，顧見孔子，還鄉向。而立。孔子反走，再拜而進。客曰：「子將何求？」孔子曰：「曩者先生有緒言而去，丘不肖，未知所謂，竊待於下風，幸聞咳唾之音，以卒相去聲。丘也。」客曰：「嘻，甚矣，子之好去聲，下同。學也。」孔子再拜而起，曰：「丘少去聲。而修學，以至於今，六十九歲矣，無所得聞至教，敢不虛心？」客曰：「同類相從，同聲相應，固天之理也。吾請釋吾之所有而經子之所以。子之所以者，人事也。天子、諸侯、大夫、庶人，此四者自正，治之美也；四者離位，而亂莫大焉。官治其職，人憂其事，乃無所陵。故田荒室露，衣食不足，徵賦不屬，燭。妻妾不和，長上聲。少無序，庶人之憂也；能不勝升。任，官事不治，行去聲。不清白，群下荒怠，功美不有，爵祿不持，大夫之憂也；廷無忠臣，國家昏亂，工技不巧，貢職不美，春秋後倫，不順天子，諸侯之憂也；陰陽不和，寒暑不時，以傷庶物，諸侯暴亂，擅相攘伐，以殘民人，禮樂不節，財用窮匱，人倫不飭，百姓淫亂，天子有司之憂也。今子既上無君侯有司之勢，而下無大臣職事之官，而擅飾禮樂，選人倫，以化齊民，不泰多事乎？且人有八疵，事有四患，不可不察也。非其事而事之，謂之總；莫之顧而進之，謂之佞；希意道言，謂之諂；不擇是非而言，謂之諛；好言人之惡，謂之讒；析交離親，謂之賊；稱譽餘。詐僞以敗惡去聲，下同。人謂之慝；不擇善否，兩容顏適，偷拔其所欲，謂之險。此八疵者，外以亂人，内以傷身，君子不友，明君不臣。所謂四患者：好經大事，變更易常，以挂功名，謂之叨；專知擅事，侵人自用，謂之貪；見過不更，聞諫愈甚，謂之狠；人同於己則可，不同於己，雖善不善，謂之矜。此四患也。能去八疵，無行四患，而始可教已。」孔子愀然而歎，再拜而起，曰：「丘再逐於魯，削迹於衛，伐樹於宋，圍於陳蔡。丘不知所失，而離去聲，下同。此四謗者，何也？」客悽然變容曰：「甚矣，子之難悟也。人有畏影惡迹而去之走者，舉足愈數朔。而迹愈多，走愈疾而影不離身，自以爲尚遲，疾走不休，絶力而死。不知處上聲，下同。陰以休影，處靜以息迹，愚亦甚矣。子審仁義之間，察同異之際，觀動靜之變，適受與之度，理好惡並去聲。之情，和喜怒之節，而幾於不免矣。謹修而身，慎守其真，還以物與人，則無所累矣。今不修之身而求之人，不亦外乎？」

孔子愀然曰：「請問何謂真？」客曰：「真者，精誠之至也。不精不誠，不能動人。故強上聲，下同。哭者雖悲不哀，強怒者雖嚴不威，強親者雖笑不和。真悲無聲而哀，真怒未發而威，真親未笑而和。真在內者，神動於外，是所以貴真也。其用於人理也，事親則慈孝，事君則忠貞，飲酒則懽樂，洛，下同。處喪則悲哀。忠貞以功爲主，飲酒以樂爲主，處喪以哀爲主，事親以適爲主。功成之美，無一其迹矣。事親以適，不論所以矣；飲酒以樂，不選其具矣。處喪以哀，無問其禮矣。禮者，世俗之所爲也。真者，所以受於天也，自然不可易也。故聖人法天貴真，不拘於俗。愚者反此。不能法天而恤於人，不知貴真，祿祿而受變於俗，故不足。惜哉，子之早湛丁南反，下同。於人僞而晚聞大道也。」孔子又再拜而起，曰：「今者丘得遇也，若天幸然。先生不羞而比之服役，而身教之。敢問舍所在，請因受業而卒學大道。」客曰：「吾聞之，可與往者，與之至於妙道；不可與往者，不知其道。慎勿與之，身乃無咎。子勉之。吾去子矣，吾去子矣。」乃刺七亦反。船而去，延緣葦間。顏淵還車，子路授綏，孔子不顧，待水波定，不聞拏音而後敢乘。子路旁車而問曰：「由得爲役久矣，未嘗見夫子遇人如此其威也。萬乘之主，千乘之君，見夫子未嘗不分庭伉禮，夫子猶有倨傲之容。今漁父杖拏逆立，而夫子曲要腰。磬折，再拜而應，得無太甚乎？門人皆怪夫子矣，漁父何以得此乎？」孔子伏軾而歎曰：「甚矣，由之難化也。湛於禮義有間矣，而樸鄙之心至今未去。進，吾語去聲。汝：夫遇長不敬，失禮也；見賢不尊，不仁也。彼非至人，不能下人。下人不精，不得其真，故長傷身。惜哉，不仁之於人也，禍莫大焉，而由獨擅之。且道者，萬物之所由也。庶物失之者死，得之者生。爲事逆之則敗，順之則成。故道之所在，聖人尊之。今漁父之於道，可謂有矣，吾敢不敬乎？」

列御寇第三十二

列御寇之齊，中道而反，遇伯昏瞀茂、務二音。人。伯昏瞀人曰：「奚方而反？」曰：「吾驚焉。」曰：「惡烏。乎驚？」曰：「吾嘗食於十漿，而五漿先饋。」伯昏瞀人曰：「若是，則汝何爲驚已？」曰：「夫扶，下同。內誠不解，形諜成光，以外鎮人心，使人輕乎貴老，而𩐋其所患。夫漿人特爲食嗣。羹之貨、多餘之贏，其爲利也薄，其爲權也輕，而猶若是，而況於萬乘去聲，下同。之主乎？身勞於國而知智。盡於事。彼將任我以事，而效我以功。吾是以驚。」伯昏瞀人曰：「善哉觀乎，汝處上聲。己，人將保汝矣。」無幾何而往，則户外之屨滿矣。伯昏瞀人北面而立，敦頓。杖蹙之乎頤。立有間，不言而出。賓擯。者以告列子，列子提屨，跣而走，暨乎門，曰：「先生既來，曾不發藥乎？」曰：「已矣，吾固告汝曰：人將保汝，果保汝矣。非汝能使人保汝，而汝不能使人無保汝也，而焉烟。用之感豫出異也？必且有感，搖而本性，又無謂也。與汝遊者，又莫汝告也。彼

誰何。

矜能邀世，曷似無心。

儒泥分辨，至死不悟。

忘言。

息巧。

消爭。

泯智。

所小言，盡人毒也。莫覺莫悟，何相孰也？巧者勞而知者憂，無能者無所求，飽食而遨遊，汎若不繫之舟，虛而遨遊者也。」

鄭人緩也，呻吟裘氏之地。祇三年而緩爲儒，河潤九里，澤及三族，使其弟墨。儒墨相與辯，其父助翟。十年而緩自殺。其父夢之曰：「使而子爲墨者，予也。闔胡嘗視其良，既爲秋柏之實矣？」夫造物者之報人也，不報其人而報其人之天。彼故使彼。夫人以己爲有以異於人，以賤其親，齊人之井飲者相捽也。故曰：今之世皆緩也。

自是有德者以不知也，而況有道者乎？古者謂之遁天之刑。聖人安其所安，不安其所不安；衆人安其所不安，不安其所安。莊子曰：「知道易，異。勿言難。知而不言，所以之天也；知而言之，所以之人也。古之人，天而不人。」

朱泙平。漫學屠龍於支離益，單丹。千金之家，三年技成而無所用其巧。聖人以必不必，故無兵；衆人以不必必之，故多兵。順於兵，故行有求。兵，恃之則亡。小夫之知，智。不離去聲。苞苴

至人無爲之道。

千人卑賤。

竿牘，敝精神乎蹇淺，而欲兼濟道物，太一形虛。若是者，迷惑于宇宙，形累不知太初。彼至人者，歸精神乎無始，而甘瞑眠。乎無何有之鄉。水流乎無形，發泄乎太清。悲哉乎，汝爲知在毫毛，而不知大寧。

宋人有曹商者，爲去聲。宋王使去聲。秦。其往也，得車數乘。王悦之，益車百乘。反於宋，見莊子，曰：「夫處窮閭阨巷，困窘織屨，槁項黄馘古獲反。者，商之所短也；一悟萬乘之主而從車百乘者，商之所長也。」莊子曰：「秦王有病召醫，破癰潰痤徂禾反。者得車一乘，舐痔者得車五乘，所治愈下，得車愈多。子豈治其痔耶？何得車之多也？子行矣。」

魯哀公問乎顔闔曰：「吾以仲尼爲貞幹，國其有瘳乎？」曰：「殆哉，汲乎仲尼。方且飾羽而畫，從事華辭，以支爲旨，忍性以視民，而不知不信。受乎心，宰乎神，夫何足以上民？彼宜汝與？餘，下同。予頤與？誤而可矣。今使民離實學僞，非所以視民也。爲後世慮，不若休之。難治也。」施於人而不忘，非天布也，商賈古。不

華飾難免内刑，而況治人？

觀人之術。

有心存想。

齒。雖以事齒之，神者弗齒。爲外刑者，金與木也；爲内刑者，動與過也。宵人離外刑者，金木訊之；離内刑者，陰陽食之。夫免乎外内之刑者，唯真人能之。

孔子曰：「凡人心險於山川，難於知天。天猶有春秋冬夏旦暮之期，人者厚貌深情。故有貌愿而益，有長若不肖，有順懁懁。而達，有堅而縵，有緩而釬。胡旦反。故其就義若渴者，其去義若熱。故君子遠使之而觀其忠，近使之而觀其敬，煩使之而觀其能，卒然問焉而觀其知，急與之期而觀其信，委之以財而觀其仁，告之以危而觀其節，醉之以酒而觀其則，雜之以處而觀其色。九徵至，不肖人得矣。」

正考父甫。一命而傴，再命而僂，三命而俯，循牆而走，孰敢不軌？如而夫者，一命而吕鉅，再命而於車上儛，三命而名諸父，孰協唐、許？賊莫大乎德有心而心有睫，及其有睫也而内視，内視而敗矣。凶德有五，中德爲首。何謂中德？中德也者，有以自好去聲。也而呲匹爾反。其所不爲者也。窮有八極，達有三必，形有六府。美、

上詳去矜持達命之事。

富則危機。

危機。

棄形。

髯、長、大、壯、麗、勇、敢，八者俱過人也，因以是窮。緣循、偃佒、於丈反。困畏不若人，三者俱通達。知慧外通，勇動多怨，仁義多責。達生之情者傀，公回反。達於知者肖，消。達大命者隨，達小命者遭。

人有見宋王者，錫車十乘，以其十乘驕穉莊子。莊子曰：「河上有家貧恃緯蕭而食者，其子没於淵，得千金之珠。其父謂其子曰：『取石來鍛之。夫千金之珠，必在九重平聲。之淵而驪龍頷下。子能得珠者，必遭其睡也。使驪龍而寤，子尚奚微之有哉？』今宋國之深，非直九重之淵也；宋王之猛，非直驪龍也。子能得車者，必遭其睡也。使宋王而寤，子爲韲粉矣。」

或聘於莊子，莊子應其使去聲。曰：「子見夫犧牛乎？衣去聲。以文繡，食以芻菽。及其牽而入於太廟，雖欲爲孤犢，其可得乎？」

莊子將死，弟子欲厚葬之。莊子曰：「吾以天地爲棺槨，以日月爲連璧，星辰爲珠璣，萬物爲齎送。吾葬具豈不備邪？何以加此？」弟子曰：「吾恐烏鳶之食夫子也。」莊子曰：「在上爲烏鳶食，在下爲螻蟻食，奪彼與此，何其偏也？」

以不平平，其平也不平；以不徵徵，其徵也不徵。明者唯爲之使，神者徵之。夫明之不勝神也久矣，而愚者恃其所見入於人，其功外也，不亦悲乎？

其用無乎不在，其體原於至一，此道術之大也。

天下第三十三

天下之治方術者多矣，皆以其有爲不可加矣。古之所謂道術者，果惡烏。乎在？曰：「無乎不在。」曰：「神何由降？明何由出？」「聖有所生，王有所成，皆原於一。」

不離去聲，下同。於宗，謂之天人；不離於精，謂之神人；不離於真，謂之至人。以天爲宗，以德爲本，以道爲門，兆於變化，謂之聖人；以仁爲恩，以義爲理，以禮爲行，以樂爲和，薰然慈仁，謂之君子。以法爲分，以名爲表，以操爲驗，以稽爲決，其數一二三四是也，百官以此相齒；以事爲常，以衣食爲主，蕃息畜藏，老弱孤寡爲意，皆有以養，民之理也。古之人其備乎。配神明，醇天地，育萬物，和天下，澤及百姓，明於本數，係於末度，六通四闢，小大精粗，其運無乎不在。其明而在歷數者，舊法世傳之史尚多有之。其在於《詩》、《書》、《禮》、《樂》者，鄒魯之士縉紳先生多能明之。《詩》以道志，《書》以道事，《禮》以道行，《樂》以道和，《易》以道陰

先説墨。

陽，《春秋》以道名分。扶問反。其數散於天下而設於中國者，百家之學時或稱而道之。天下大亂，賢聖不明，道德不一，天下多得一察焉以自好。去聲，下同。譬如耳目鼻口，皆有所明，不能相通；猶百家衆技也，皆有所長，時有所用。雖然，不該不偏，一曲之士也。判天地之美，析萬物之理，察古人之全，寡能備於天地之美，稱神明之容。是故内聖外王之道，闇而不明，鬱而不發，天下之人各爲其所欲焉以自爲方。悲夫，扶。百家往而不反，必不合矣。後世之學者，不幸不見天地之純，古人之大體，道術將爲天下裂。

不侈於後世，不靡於萬物，不暉於度數，以繩墨自矯而備世之急。古之道術有在於是者。墨翟、禽滑骨。釐聞其風而説悦。之。爲之大泰，下同。過，已之大循。作爲《非樂》，命之曰《節用》。生不歌，死無服。墨子汎愛兼利而非鬬，其道不怒。又好學而博，不異，不與先王同，毁古之禮樂。黄帝有《咸池》，堯有《大章》，舜有《大韶》，禹有《大夏》，湯有《大濩》，文王有《辟雍》之樂，武王、周公作《武》。古之喪禮，貴賤有儀，上下有等。天子棺槨七重，平聲，下同。諸侯五重，大夫三重，士再重。今墨子獨生不歌，死不服，桐棺三寸而無槨，以爲法式。以此教人，恐不愛人；以此自行，固不愛己。未敗墨子道。雖然，歌而非歌，哭而非哭，樂而非樂，是果類乎？其生也勤，其死也薄，其道大觳。苦角反。使人憂，使人悲，其行去聲，下同。難爲也，恐其不可以爲聖人之道，反天下之心，天下不堪。墨子雖獨能任，壬。奈天下何？離於天下，其去王也遠矣。墨子稱道曰：「昔者禹之湮洪水，決江河而通四夷九州也，名山三百，支山三千，小者無數。禹親自操橐耜而九鳩。雜天下之川。腓無胈，脛無毛，沐甚風，櫛疾雨，置萬國。禹大聖也，而形勞天下也如此。」使後世之墨者，多以裘褐爲衣，以跂屐。蹻爲服，日夜不休，以自苦爲極，曰：「不能如此，非禹之道也，不足謂墨。」相去聲。里勤之弟子，五侯之徒，南方之墨者苦獲、已齒、鄧陵子之屬，俱誦《墨經》，而倍譎不同，相謂別墨。以堅白同異之辯相訾，以觭偶不仵之辭相應。以巨子爲聖人，皆願爲之尸，冀得爲其後世，至今不決。墨翟、禽滑釐之意則是，其行則非也。將使後世之墨者，必自苦以腓無胈、脛無毛相進而已矣。亂之上也，治之下也。雖然，墨子真天下之好也，將求之不得也，雖枯槁不舍捨，下同。也。才士也夫。

次宋、尹。

不累於俗，不飾於物，不苟於人，不忮於衆，願天下之安寧以活民命，人我之養，畢足而止，以此白心，古之道術有在於是者。宋鈃、刑。尹文聞其風而悦之。作爲華山之冠以自表，接萬物以別宥爲始。語心之容，命之曰心之行。以聏而。合驩，以調海内，請欲置之以爲主。見侮不辱，救民之鬬，禁攻寢兵，救世之戰。以此周行天下，上説稅。下教，雖天下不取，強上聲，下同。聒而不舍者也。故曰：上下見厭而強見也。雖然，其爲去聲，下同。人太多，其自爲太少，曰：「請欲固置五升之飯足矣。」先生恐不得飽，弟子雖飢，不忘天下，日夜不休。曰：「我必得活哉。」圖傲乎救世之士哉。曰：「君子不爲苛察，不以身假物。」以爲無益於天下者，明之不如已也。以禁攻寢兵爲外，以情欲寡淺爲内。其小大精粗，其行適至是而止。

公而不黨，易異。而無私，決無主，趣物而不兩，不顧於慮，不

蒙、駢、到。

謀於知，於物無擇，與之俱往。古之道術有在於是者。彭蒙、田駢、慎到聞其風而悅之。齊萬物以爲首，曰：「天能覆敷救反，下同。之而不能載之，地能載之而不能覆之，大道能包之而不能辯之。」知萬物皆有所可，有所不可，故曰：「選則不徧，教則不至，道則無遺者矣。」是故慎到棄智去上聲。己，而緣不得已。泠零。汰於物，以爲道理。曰：「知不知，將薄知而後鄰傷之者也。」謑髁户寡反。無任，而笑天下之尚賢也；縱脱無行，而非天下之大聖。椎拍輐五管、胡亂二反。斷，與物宛轉。舍是與非，苟可以免。不師知慮，不知前後，魏魚威反。然而已矣。推而後行，曳而後往。若飄風之還，若羽之旋，若磨石之隧，全而無非，動靜無過，未嘗有罪。是何故？夫無知之物，無建己之患，無用知之累，動靜不離於理，是以終身無譽。故曰：至於若無知之物而已，無用賢聖，夫塊不失道。豪傑相與笑之曰：「慎到之道，非生人之行，而至死人之理。」適得怪焉。田駢亦然，學於彭蒙，得不教焉。彭蒙之師曰：「古之道人，至於莫之是莫之非而已矣。其風窢罭。然，惡可而言？」常反人，

關、老。

不見觀，而不免於鯇五管反。斷。其所謂道非道，而所言之韙不免於非。彭蒙、田駢、慎到不知道。雖然，概乎皆嘗有聞者也。

以本爲精，以物爲粗，以有積爲不足，淡然獨與神明居。古之道術有在於是者。關尹、老聃聞其風而悦之。建之以常無有，主之以太一。以濡弱謙下爲表，以空虛不毁萬物爲實。關尹曰：「在己無居，形物自著。其動若水，其靜若鏡，其應若響。易忽。乎若亡，寂乎若清。同焉者和，得焉者失。未嘗先人而常隨人。」老聃曰：「知其雄，守其雌，爲天下谿；知其白，守其辱，爲天下谷。」人皆取先，己獨取後，曰受天下之垢；人皆取實，己獨取虛，無藏也故有餘，巋然而有餘。其行身也，徐而不費，無爲也而笑巧。人皆求福，己獨曲全，曰苟免於咎。以深爲根，以約爲紀，曰堅則毁矣，鋭則挫矣。常寬容於物，不削於人。可謂至極。關尹、老聃乎，古之博大真人哉。

寂寞無形，變化無常，死與？餘，下同。生與？天地並與？神明往與？芒乎何之？忽乎何適？萬物畢羅，莫足以歸，古之道術有

莊周自爲一家。

惠施。

在於是者。莊周聞其風而悦之。以謬悠之説，荒唐之言，無端崖之辭，時恣縱而不儻，不以觭見之也。以天下爲沉濁，不可與莊語。以卮言爲曼衍，以重言爲真，以寓言爲廣。獨與天地精神往來，而不敖去聲。倪詣。於萬物。不譴是非，以與世俗處。上聲。其書雖瓌古回反。瑋而連犿抃。無傷也，其辭雖參差而諔詭可觀。彼其充實，不可以已。上與造物者遊，而下與外死生、無終始者爲友。其於本也，弘大而闢，深閎而肆，其於宗也，可謂調適而上遂矣。雖然，其應於化而解於物也，其理不竭，其來不蜕，芒乎昧乎，未之盡者。

惠施多方，其書五車，其道舛駁，其言也不中。去聲。麻歷。物之意，曰：「至大無外，謂之大一；至小無内，謂之小一。無厚，不可積也，其大千里。天與地卑，山與澤平。日方中方睨，物方生方死。大同而與小同異，此之謂小同異；萬物畢同畢異，此之謂大同異。南方無窮而有窮，今日適越而昔來。連環可解也。我知天之中央，燕之北、越之南是也。氾愛萬物，天地一體也。」惠施以此爲大，觀去聲。於天下而曉辯者，天下之辯者相與樂洛。之。卵有毛。雞三足。

此惠子辯端言，舛駁處皆不經之談也。

惠施學昧根原，逐物生辯，影響之見而已。

郢有天下。犬可以爲羊。馬有卵。丁子有尾。火不熱。山出口。輪不蹍地。目不見。指不至，至不絕。龜長於蛇。矩不方，規不可以爲圓。鑿不圍枘。飛鳥之景影。未嘗動也。鏃矢之疾，而有不行、不止之時。狗非犬。黄馬驪牛三。白狗黑。孤駒未嘗有母。一尺之棰，日取其半，萬世不竭。辯者以此與惠施相應，終身無窮。桓團、公孫龍辯者之徒，飾人之心，易人之意，能勝人之口，不能服人之心，辯者之囿也。惠施日以其知與人之辯，特與天下之辯者爲怪，此其柢也。然惠施之口談，自以爲最賢，曰：「天地其壯乎。施存雄而無術。」南方有倚或作畸。人焉，曰黄繚，問天地所以不墜不陷，風雨雷霆之故。惠施不辭而應，不慮而對，徧爲萬物説。説而不休，多而無已，猶以爲寡，益之以怪。以反人爲實，而欲以勝人爲名，是以與衆不適也。弱於德，强於物，其塗隩矣。由天地之道觀惠施之能，其猶一蚉一䖟之勞者也。其於物也何庸？夫充一尚可，曰愈貴道，幾矣。惠施不能以此自寧，散於萬物而不厭，卒以善辯爲名，惜乎。惠施之才，駘殆。蕩而不得，逐萬物而不反，是窮響以聲，形與影競走也，悲夫。

圖書在版編目（CIP）數據

南華真經題評 /（明）張位撰；劉莉莎點校．-- 福州：福建人民出版社，2023.9
（莊子集成 / 劉固盛主編）
ISBN 978-7-211-09186-7

Ⅰ．①南…　Ⅱ．①張…　②劉…　Ⅲ．①《莊子》-注釋　Ⅳ．①B223.5

中國國家版本館 CIP 數據核字 (2023) 第 190555 號

南華真經題評

作　　者：［明］張　位　撰　劉莉莎　點校
責任編輯：莫清洋
助理編輯：張煜傑
美術編輯：白　玫
責任校對：陳　璟
出版發行：福建人民出版社
電　　話：0591-87533169（發行部）
網　　址：http://www.fjpph.com
電子郵箱：fjpph7221@126.com
地　　址：福建省福州市東水路 76 號
經　　銷：福建新華發行（集團）有限責任公司
印刷裝訂：上海盛通時代印刷有限公司
地　　址：上海市金山區廣業路 568 號
電　　話：021-37910000
開　　本：890 毫米 ×1240 毫米　1/32
印　　張：7.375
字　　數：130 千字
版　　次：2023 年 9 月第 1 版第 1 次印刷
書　　號：ISBN 978-7-211-09186-7
定　　價：50.00 元